CONSEILS AUX COUPLES QUI S'AIMENT… OU QUI PEINENT

Denis Sonet / Brunor

CONSEILS AUX COUPLES QUI S'AIMENT... OU QUI PEINENT

Collection
Entre nous

EDIFA
MAME

Maquette intérieure : Domino.

ISBN Edifa : 978-2-9145-8058-8
ISBN Droguet & Ardant : 978-2-7041-0782-7

AVANT-PROPOS

Depuis plusieurs années déjà, le père Denis Sonet dialogue régulièrement avec les lecteurs du magazine *Famille Chrétienne*. S'appuyant sur son expérience de prêtre, de conseiller conjugal et de formateur au Cler (Centre de liaison des équipes de recherche), il apporte, grâce à ses chroniques mensuelles, des réponses concrètes aux questions, petites et grandes, que se posent les familles, parents et jeunes.

La richesse et la variété des sujets traités nous a incités à regrouper ces chroniques dans une même collection, *Entre nous*, afin de les mettre à disposition du plus grand nombre. Les propos pleins d'humour du père Sonet, illustrés avec talent par Brunor, permettront en effet au lecteur d'aborder dans la bonne humeur des sujets parfois difficiles.

D'une consultation aisée, ce premier volume aborde sans fard tous les domaines de la vie de couple. Nous espérons qu'il aidera tous ceux, hommes et femmes, qui souhaitent approfondir leur vie conjugale.

L'ART DE COMMUNIQUER

JE NE SAIS PAS QUOI DIRE !

« J'ai lu vos livres sur le couple, c'est très beau tout ça : vous dites aux hommes de communiquer davantage avec leur femme. J'aimerais bien, mais je ne sais pas comment faire, je ne sais pas quoi dire... »

Cet homme soulève l'un des problèmes le plus souvent posés par les couples : le mutisme masculin. Certes, il ne faut pas généraliser : il y a des couples où c'est la femme qui s'enferme dans un silence prolongé, interprété alors par le mari comme une bouderie. Mais plus nombreux sont les couples où la femme se plaint du silence de son mari.

C'est pourtant si important la communication ! C'est même une question de vie ou de mort pour le couple. Quand on ne se parle plus, on finit par n'avoir plus rien à se dire. On est tenté alors de chercher hors du couple ce besoin de communiquer. Face à son mari qui ne dit rien, la femme ne peut se situer, elle ne peut que faire des suppositions : « Quand je le vois pensif, ennuyé, comme il ne dit rien, je me demande ce qu'il a : va-t-il être au chômage ? Me tromperait-il ? Ou a-t-il tout simplement mal au foie ? »

Heureuse épouse à qui un mari dit en rentrant : « Je me suis disputé avec un collègue, je suis furieux... Les enfants et toi n'avez pas intérêt à me déranger ! » Elle sait à quoi s'en tenir ! Ce même mari qui lui dira un autre jour avec la même sincérité : « Si tu savais comme il me tardait d'être rentré pour te retrouver, pour t'aimer ». Elle saura à quoi s'en tenir là aussi !

Mais surtout, la communication permet de garder l'admiration pour conserver l'amour. L'être humain est un infini dont on n'a jamais fait le tour. S'il n'y a pas de dialogue, on ne voit plus le merveilleux de l'autre.

L'auteur de la question a bien conscience de cette importance de la communication, puisqu'il écrit : « J'aimerais bien communiquer ». Beaucoup de maris n'en sont pas là. Combien disent volontiers à leur femme : « Que veux-tu que je te dise ? Que je t'aime ? Mais tu le vois bien... Regarde ce que je fais pour toi, pour nous, pour les enfants ».

Exprimer son ressenti

Souvent, du moment qu'il agit, un homme croit qu'il dit. Or, pour la femme, en général, les paroles comptent autant si ce n'est plus que les actions.

La difficulté se situe davantage au niveau du comment : « Je ne sais pas comment faire, je ne sais pas quoi dire ». Les maris désireux de plaire à leur épouse s'ingénient parfois à chercher ce qu'ils pourraient bien lui dire. Les uns discutent de problèmes politiques, économiques, ou sportifs – en général, ce n'est pas ça que l'épouse attend, car ce faisant, les maris ne parlent pas d'eux ! D'autres racontent tout ce qu'ils

CHÉRI...
EST-CE QUE
TU M'AIMES ?..
SPORTS
LES NOU
JE TE
L'AI
DÉJÀ
DIT.
BRUNOR

ont fait dans la journée – là encore, ce qui intéresse l'épouse, ce n'est pas tant ce qu'ils font que ce qu'ils ressentent.

Ce qu'une femme veut connaître de son mari, c'est d'abord et essentiellement son ressenti, ce qu'il vit dans sa sensibilité profonde.

Encore faut-il pour cela que le mari ait conscience de ce qui se vit en lui, qu'il puisse mettre un nom sur ses émotions, sur les sentiments qui l'habitent, et qu'ensuite, il ait la simplicité de les exprimer.

La communication avec les autres commence par la communication avec soi-même. Alors, posez-vous sincèrement les questions : est-ce que je me donne le droit d'avoir des sentiments ? Est-ce que je suis capable de mettre un mot sur chacune de ces émotions qui naissent en moi ? Est-ce que j'ose dire mon ressenti sans fausse pudeur ? Est-ce que j'accepte de parler de moi, de dire : « Je » ? Est-ce que j'ose demander ? Dire mes désirs ?

Quand un mari se permet d'accueillir et d'analyser ses sentiments sans penser que c'est du sentimentalisme mièvre ou du temps perdu, il trouve alors les paroles toutes simples de la vraie communication : « Je suis heureux près de toi », « Sais-tu que tu me manques quand tu n'es pas là », « Ma joie, ce sont nos enfants », « Je suis fatigué, ne m'en veux pas »...

Heureux couples qui ont compris qu'on pouvait tout se dire, même le négatif, parce qu'on ne le dit jamais comme un reproche à l'autre, mais comme l'expression de ce qu'on ressent.

À l'écoute de son cœur

Pour trouver les phrases heureuses, il suffit d'être à l'écoute de son cœur et, sans fausse pudeur, de les laisser jaillir. À l'écoute aussi de l'attente de l'autre. Alors, viennent tout naturellement d'abord des paroles d'amour. Dieu sait si la demande d'une parole d'amour est forte chez la femme ! À côté des « je t'aime », mots inusables, l'imagination peut trouver mille paroles originales ou imprévues : « J'aime quand tu as le cœur au bord des lèvres », « Je t'aime aujourd'hui pour ce que tu es aujourd'hui »...

Peuvent monter également des paroles d'admiration et de reconnaissance : « Que tu es belle ! », « Ma femme, cadeau de Dieu ». Mais aussi des paroles qui disent la peine et la déception : « J'en peux plus », « J'ai peur de te décevoir », « Longtemps, je t'ai caché ma peine. Maintenant, je te la confie... on sera deux pour la porter »...

Et quand vous serez vraiment à court d'idées, pourquoi ne pas dire tout simplement : « Excuse-moi, mais je ne trouve pas les mots pour te dire tout ce que j'aimerais te dire ». Votre femme devinera ce que vous ne dites pas... et davantage encore !

Il reste que le plus grand cadeau qu'on puisse faire à son conjoint, c'est une parole qui livre le meilleur de soi : cette intériorité où se trouvent nos valeurs, nos raisons de vivre, et notre relation avec Dieu, l'action de l'Esprit en notre cœur. À l'image de Dieu, qui est relation (un foyer d'échange entre les Personnes de la Trinité), l'être humain ne s'épanouit que dans une vie de partage et de dialogue. À quoi bon s'aimer tant et se le dire si peu ou si mal ?

DOIT-ON ABSOLUMENT TOUT SE DIRE ENTRE ÉPOUX ?

Dans l'idéal, la réponse est « oui ». Concrètement, l'attitude de bon sens consiste à confier à l'autre tout ce qu'il peut porter, mais seulement ce qu'il peut porter.

Voilà bien une question très classique mais tellement subtile qu'il n'est pas évident de lui trouver une réponse qui fasse l'unanimité.

C'est tellement vrai que lors de réunions de couples, si vous posez cette question, les uns spontanément disent : « Oui, on doit tout se dire entre époux », tandis que d'autres défendent fortement la position du « non » ! Et il serait un peu trop facile de supposer que les partisans du « oui » sont ceux qui pensent : « Je veux que l'autre me dise tout », tandis que les partisans du « non » seraient ceux qui penseraient plutôt : « Je ne tiens pas à tout dire à l'autre ».

Pourtant, à première vue, la réponse ne saute-t-elle pas aux yeux ? Comment deux êtres qui s'aiment pourraient-ils avoir l'un pour l'autre le moindre jardin secret ? L'Évangile ne dit-il pas de son côté que

« la Vérité nous libérera » ? L'amour conjugal ne se construit-il pas sur la confiance totale entre les époux, et le moindre non-dit volontaire n'est-il pas justement un manque de confiance ? Un manque de confiance qui constituerait un véritable danger le jour où l'un découvrirait qu'il y a eu dissimulation.

Confiance et bon sens

Tout cela est très juste. Et je n'hésite pas à dire que l'idéal serait qu'un couple tende vers cette transparence à laquelle tout amour aspire. C'est tellement merveilleux la confiance... et tellement rassurant !

Mais cette vérité totale entre époux exige que les deux conjoints soient pleinement adultes, capables d'admettre les faiblesses possibles de la condition humaine, capables de comprendre de l'intérieur les raisons du comportement de l'autre, capables de pardonner au besoin, sans ressentiment ni représailles.

Or l'expérience montre que tous les conjoints ne sont pas capables de cette réaction pleinement raisonnable, mais se laissent déborder par les sentiments négatifs induits par ce qu'ils apprennent du comportement discutable de l'autre.

Ainsi, ce n'est pas facile d'apprendre, de la bouche de son conjoint, une infidélité même purement accidentelle et éphémère. La blessure narcissique est telle que des conjoints deviennent alors voyeurs, voulant connaître dans les détails ce qui s'est passé. J'ai vu des maris montrer du doigt à leurs enfants « cette mère indigne » qui avait eu une faiblesse passagère qu'elle avait cru bon d'avouer.

De plus, le conjoint ainsi trompé se trouve souvent fragilisé ; si, demain, lui aussi a une tentation, il sera tenté de penser : « Puisqu'il (elle) ne s'est pas gêné(e), pourquoi dès lors n'en ferais-je pas autant ? » Si bien qu'il semble que l'attitude de bon sens consiste à confier à l'autre tout ce qu'il peut porter, mais seulement ce qu'il peut porter.

Tout ce que l'autre peut porter

Sachons bien qu'il peut porter souvent plus qu'on ne le suppose. Parfois, par délicatesse, on éprouve le besoin de cacher au conjoint ses peines ou ses difficultés personnelles « pour ne pas le faire souffrir ». Or les soucis, les souffrances, portés à deux sont moins lourds (bien souvent d'ailleurs l'autre les devine et souffre de ne pas les percevoir clairement).

Il est possible aussi de lui confier même les sentiments négatifs éprouvés à son égard. Pourvu qu'ils ne soient pas exprimés en reproches, mais en simples ressentis : « Quand tu agis ainsi, ça me fait mal. Je ne dis pas que c'est de ta faute, c'est peut-être moi qui ai le cuir trop faible ou qui revis ce que j'ai vécu enfant… mais j'ai mal, c'est tout ».

Il est surtout possible et indiqué de confier à l'autre ses aspirations plus profondes, ses élans spirituels, le travail de l'Esprit Saint en soi. Sans, bien sûr, le submerger par des considérations spiritualo-mystiques s'il n'est pas lui-même particulièrement "branché" en ce domaine.

Seulement ce qu'il peut porter

Il est possible que, dans des cas particuliers, lorsque l'un est en dépression par exemple, il ne soit pas forcément opportun de le déstabiliser davantage en lui apprenant sur-le-champ des événements pénibles. Il est bon parfois de reporter le moment de vérité et de le préparer à l'entendre.

Mais c'est surtout dans le domaine de l'infidélité que le problème est le plus délicat.

Disons tout net qu'une infidélité passée qui n'a plus aucune incidence présente, qui ne risque pas d'être dévoilée, qui est sincèrement regrettée, doit être tue. À quoi bon donner de soi une image qui n'est plus d'aujourd'hui ? À quoi bon fragiliser l'autre, comme je le disais plus haut ?

Le passé passé, c'est-à-dire le passé qui n'a plus de "séquelle" présentes, doit être enfoui. À quoi bon remuer la boue qui s'est décantée ? Mais quand le passé est encore présent, il est possible de donner une partie de la vérité : « Je me sens attiré(e) par telle personne, c'est vrai. Aide-moi ». Quand on ne sait pas exactement que faire et que monte en soi le besoin d'« avouer », on peut se faire aider par une personne compétente pour voir clair dans sa situation.

En revanche, quand un couple songe au futur, il est bon que chacun s'engage à l'avenir à parler de la moindre tentation qu'il peut rencontrer, et en même temps à accueillir avec compréhension cette confidence difficile. Il est facile à un couple d'éviter un adultère à ses débuts. Parler tôt, c'est sauver son couple.

De toute façon, sachons bien que la transparence intégrale est impossible. Il y a toujours un continent inconnu au cœur de chacun. Il y a toujours, donc, un inexprimable, un incommunicable. Il y a en tout être une part de mystère qui échappe à lui-même.

C'est cette partie que Dieu se réserve, et sur laquelle aucune créature, fût-ce le conjoint, n'a un quelconque droit de possession.

Puisque tu as toujours raison

S'il est une phrase qui vient clore tout dialogue, c'est bien cette remarque sans appel : « C'est simple, toi, tu as toujours raison – Mais puisque c'est la vérité ! » Ne serait-il pas alors tout indiqué que chacun ait la sagesse de se remettre en question ?

Celui qui assène : « Tu as toujours raison ! » a-t-il pris conscience des raisons qui le poussent à s'exprimer ainsi ? Pourquoi des propos aussi abrupts ?

Est-ce par désir de disqualifier ce que l'autre vient d'affirmer ? Et dans ce cas, le « Tu as toujours raison ! » pourrait signifier : « Tes prises de positions sont des a priori entêtés, qui font que, quoi que je dise, je dois me heurter à ce mur bétonné de certitudes figées. En définitive, tu n'es qu'un(e) borné(e) qui ne comprend rien à rien ! »

Est-ce pour stopper la discussion ? Parce que nous sommes en manque d'arguments et qu'en fait, il se pourrait bien que nous ayons tort ; ou parce que cet échange est jugé inutile, voire capable de dégénérer en escalade verbale ? « Arrêtons les frais. Cela ne sert à rien de discuter. Tirons l'échelle ! »

Est-ce tout simplement parce qu'alors nous avons vraiment le sentiment douloureux de ne pas exister, d'être dévalorisé(e)s, si nous sommes persuadé(e)s que ce que nous pouvons dire n'est jamais pris en compte et que nous est refusé le droit de penser ce que nous pensons, de ressentir ce que nous ressentons ?

Remise en question également de celui qui entend un tel reproche. N'y a-t-il pas une part de vérité dans ce que l'autre affirme ? Ne sommes-nous pas porté(e)s à penser trop vite qu'il exagère manifestement ?

Et dans ce cas, serait-ce dû à un complexe de supériorité (que nous aurions avantage à reconnaître !), ou à un doute réel sur la capacité de jugement de l'autre, un manque d'estime à son égard ? Ou bien tout simplement, ne sommes-nous pas convaincu(e)s, en toute bonne foi, que nous voyons juste, et qu'admettre le contraire serait tout simplement se renier ou nier l'évidence ?

Les exigences de toute communication

Il est bon, dans un second temps, de mieux percevoir les exigences de toute communication. Et la première est qu'il est vain, inutile, et inefficace de chercher absolument qui a tort et qui a raison. On ne peut qu'envenimer la discussion. Étant tous deux juge et partie, les conjoints seront difficilement objectifs. Ce qui importe, c'est d'essayer de mieux comprendre le fonctionnement de la relation. Par exemple : « As-tu remarqué que je n'accepte pas ce que tu dis, dès que tu as un ton qui me déplaît ? » Il y a à repérer – avec humour – les cercles vicieux qui se sont installés dans la relation : « Moins tu m'écoutes et plus je t'agresse... et plus je t'agresse et moins tu m'écoutes ! » Et inutile de chercher « qui a commencé », en se comportant comme les enfants qui se chamaillent, puis se justifient.

La deuxième exigence de toute communication est une certaine décentration (quitter un instant son ego) pour essayer d'entrer dans la problématique de l'autre. Il est quand même sain de partir du principe que l'autre (qui est quand même sensé !) a peut-être perçu un aspect des choses qui nous a échappé et que nous aurions intérêt à connaître.

Dire qu'on a raison, c'est affirmer un peu vite qu'on a *la* vérité. Dire que l'autre a toujours raison, c'est affirmer un peu vite qu'il est persuadé d'avoir la vérité et c'est – paradoxalement – dire que nous aussi nous pensons l'avoir.

Or, à la réflexion, nous savons bien que personne ne possède *la* vérité. Le réel est tellement complexe que nous ne pouvons en saisir que des éléments partiels. Qui peut dire aujourd'hui exactement comment, dans un monde pluriel, éduquer des enfants ? L'un dira qu'il faut être sévère et l'autre plutôt compréhensif. Qui voit juste ? Les deux probablement !

Regarder le monde avec les yeux de l'autre

Nous avons tous sur le nez les lunettes de notre subjectivité : elles sont colorées différemment en raison de notre éducation, de notre histoire, de notre caractère : nous sommes tous plus ou moins des daltoniens psychologiques.

Et si nous avons des divergences, la cause est moins à chercher dans une erreur évidente du jugement de l'autre que dans le fait que nous ne sommes pas placés de la même façon, que nous n'avons pas le même « point de vue » justement ! Imaginez un couple qui au sommet de la tour Eiffel contemple Paris. L'un regarde vers l'ouest, l'autre vers l'est. Le second dit : « Elle est belle, la Seine, tu ne trouves pas ?
– Où vois-tu la Seine, dira l'autre, on ne la voit pas d'ici ! »

Au lieu de contrer la vision de l'autre, il est donc sage de changer de place, d'essayer – dans la mesure du possible – de regarder le monde et ses problèmes avec les yeux de l'autre. Et la différence cesse alors d'être occasion de conflit, mais enrichissement et affinement de notre jugement.

C'est vrai dans la relation conjugale, c'est vrai aussi dans la relation parentale. Il est dur d'entendre un enfant affirmer : « On ne peut pas discuter avec Papa. Il a toujours raison ! »

Personne ne peut prétendre détenir la vérité. Il n'y en a qu'un qui a eu l'audace de dire non seulement qu'il avait la Vérité, mais qu'il était la Vérité. Mais nous, nous ne sommes pas le Christ, et nous n'avons surtout pas le droit de l'annexer trop vite, en disant par exemple que nous avons le charisme de voir les choses comme lui !

EN VACANCES, COMMUNIQUEZ !

La communication pendant les vacances ? Parlons-en ! Ce n'est pas forcément le Pérou... quand ce n'est pas la catastrophe !

L'été paraît, à première vue, une période idyllique pour la communication dans le couple. Quand on n'est plus stressé, quand on a du temps devant soi, quand on partage la découverte de beaux paysages, quand on a l'esprit plus libre, moins encombré des préoccupations du quotidien, il semble que toutes les conditions soient réunies pour de véritables retrouvailles, et de l'amour, et de la communication. Et c'est vrai que certains couples, à leur retour, confient qu'ils ont connu des moments délicieux : « J'ai retrouvé un mari merveilleux, et non plus un mari angoissé, rentrant le soir avec ses dossiers dans la tête et des yeux qui ne vous voient plus ».

Mais tous les couples ne se ressemblent pas. Trois cas de figure sont possibles.

MÊME EN VACANCES, IL NE PEUT PAS S'EMPÊCHER…
… D'AVOIR LA TÊTE DANS SON ORDINATEUR.
BRUNOR

Si les conjoints sont séparés

Premier cas : les conjoints sont séparés. Madame est en vacances avec les enfants, et Monsieur est retenu par sa vie professionnelle.

Si, en temps ordinaire, le couple n'a pas de réelle communication, il y a toutes les chances que cette nouvelle situation n'arrange rien. Certes, Monsieur ne manquera pas de téléphoner. Il le fera pour réclamer des informations, savoir si tout se passe bien, et comment vont les petits. Coup de fil relativement bref et souvent décevant pour l'épouse, qui attend surtout un échange affectif et s'inquiète de savoir s'il arrive à se débrouiller tout seul. Devant la pauvreté ressentie de la communication, l'épouse pensera vite qu'il a téléphoné par devoir, ou pour savoir où elle a bien pu ranger cette fichue chemise qu'il n'arrive pas à retrouver !

En revanche, si le couple vit habituellement une bonne et riche communication, cette séparation ne peut que la rendre plus nécessaire et plus chaleureuse. Le manque dictera aux époux des épanchements délicieux, des paroles coupe-faim, qui auront valeur d'intimité à distance, ponts merveilleux jetés sur l'absence.

Ensemble pour quelques jours seulement

Deuxième cas : les conjoints sont séparés et ne se retrouvent que quelques jours. Monsieur a pu s'échapper un week-end, une semaine au plus, pour rejoindre les siens.

Là encore, deux possibilités : ou bien les retrouvailles sont positives sous tout rapport, parce que l'amour a souffert du manque et mieux réalisé aussi combien l'autre est devenu nécessaire et son absence ressentie comme une mutilation. « J'ai retrouvé ma moitié ! »

Ou bien, hélas – et ce peut être la catastrophe –, le "tilt" des retrouvailles ne fonctionne pas, pour différentes raisons : pour Monsieur, fatigue du voyage ? Accaparement des enfants ? Épouse moins disponible, qui a appris à organiser sa vie sans lui ? Pour Madame, déception d'avoir trop attendu de ces moments ? Rancœur des longs silences de son mari pendant les périodes de séparation ? Époux apportant encore avec lui tous ses dossiers ? Impression qu'elle ne lui a pas vraiment manqué et qu'il s'est très bien arrangé de sa situation provisoire de célibataire ? (Il y a en tout homme un célibataire qui sommeille, et qui savoure parfois le silence et le beau désordre de la solitude.) Quelle avancée si chacun avait alors la simplicité de dire son état d'âme sans être contré, ni juger en aucune façon le comportement de l'autre !

Les conjoints partagent une longue période de vacances

Enfin, troisième cas : les conjoints passent ensemble une longue période de vacances. Une fois de plus, tout dépend de l'état d'esprit avec lequel ils abordent ce temps privilégié.

Il est fréquent que les attentes soient fort différentes. Madame, en général, apprécie les vacances, c'est une occasion capitale pour se refaire, bronzer au besoin, se reposer pleinement – ce qui n'est pas le cas si elle est toujours aux fourneaux, avec même des invités supplémentaires. De cette période, elle attend aussi de pouvoir enfin « faire des choses à deux », mais surtout de pouvoir échanger, avec un homme désencombré, « sur toutes ces questions qu'on n'a jamais le temps d'aborder avec un homme débordé ».

Si Monsieur a la même optique, c'est bien, mais en général, les hommes n'aiment pas trop les vacances dans un farniente un peu long. S'ils décompressent, ils n'ont pas tellement envie de se replonger dans les problèmes de la vie de famille : ils sont en vacances pour oublier, et non pour ressasser les difficultés familiales ou conjugales. S'ils s'ennuient, ils zappent pour chercher une occupation, rencontrer des amis ou faire des connaissances, laissant leur femme sur la plage avec ses mots fléchés.

Se donner des rendez-vous

D'où la question que tout couple doit se poser : est-il disposé à trouver dans ce temps de vacances des moments réservés pour un cœur à cœur et une communication désirés ? Est-il prêt à se donner des rendez-vous, même et surtout s'il y a des enfants ?

La communication peut demander au départ un effort, mais, dans la mesure où elle n'est pas un échange intellectuel, ni surtout un déballage de reproches, mais l'expression de ressentis positifs (« J'aime en toi ta douceur... »), elle peut devenir communion et se savourer avec une réelle volupté.

Mais cela étant dit, les difficultés de la communication en vacances montrent combien il importe de trouver quelques jours pour faire chaque année un voyage de noces en amoureux, sans enfants. Où, dans une ambiance de fête et de détente, on s'émerveillera de redécouvrir, dans des échanges chaleureux, la richesse de son aimé(e).

DES CHAMAILLERIES POUR DES BROUTILLES

« Il me semble que nous nous aimons, et pourtant nous sommes toujours en train de nous chamailler. Ma femme dit que c'est grave... moi, je pense que ce ne sont que des broutilles. »

On peut se demander si les chamailleries ne sont pas le pain quotidien des foyers, quand on voit tant de couples constamment en train de se reprocher des peccadilles, de se chicaner pour des riens, de s'enferrer journellement dans des mini-disputes. Le degré de gravité de ces mini-querelles n'est pas facile à déterminer, puisque, si l'on écoute notre interlocuteur, il n'y voit que des « broutilles » là où sa femme voit du dramatique. C'est qu'il y a bien des variétés de chamailleries !

Diagnostiquer la cause de ces disputes

Éliminons d'entrée de jeu ce qu'on pourrait appeler des « chamailleries comédies », où des conjoints se disputent pour avoir le plaisir de se réconcilier dans des effusions d'autant plus chaleureuses que la tension a été plus forte.

Nous rencontrons ensuite les « chamailleries symptômes », révélatrices de problèmes plus profonds. Vaguelettes en surface, elles sont en fait la résultante de lames de fond, de problèmes graves qu'on ne voit pas, ou qu'on se refuse à voir.

Le détachement amoureux d'un des conjoints peut expliquer bien des querelles de surface. « Pourquoi depuis quelque temps ne supportes-tu rien de ce que je dis ou de ce que je fais ? », disait une femme à son mari. Elle comprendra un jour qu'elle était en fait, pour lui, par le simple fait d'exister, un obstacle majeur l'empêchant de vivre une liaison cachée.

Autre exemple : combien de conjoints sont d'une mauvaise humeur quasi permanente, en raison d'une frustration charnelle chronique !

Il y a aussi les « chamailleries tests » que l'on rencontre chez les conjoints qui se demandent s'ils ne sont pas des mal-aimés. De même qu'un enfant qui se croit mal-aimé teste ses parents en les poussant à bout, il arrive qu'un des conjoints irrite à plaisir l'autre pour vérifier qu'il l'aime vraiment malgré tout.

Citons encore les « chamailleries bras de fer » : même si on aime profondément son conjoint, même si on désire avec lui une unité parfaite, on n'entend pas pour autant être "phagocyté" par lui. On entend rester soi. On défend son territoire.

Dans tout couple, surtout au départ, il y a toujours une certaine lutte de pouvoir, cause de rivalités sourdes, de jalousies larvées, et donc de chamailleries pour tester son degré de liberté.

Ce bras de fer pour la défense de sa personnalité est évidemment envenimé par une idéologie machiste ou féministe. Combien de conjoints refusent de faire des concessions pour la seule raison qu'ils veulent exister, ne pas être dominés.

N'oublions pas les « chamailleries déceptions » : au fond de soi, on en veut au conjoint qui ne nous a pas permis de réaliser le beau rêve qu'on avait au départ. Quand on se sent frustré de ce qu'on estime être en droit de recevoir de l'autre, on a tendance aussitôt à être agressif.

Attention : on n'estime (et c'est bien regrettable !) que ce qu'on n'a pas ! Que de conjoints seraient tentés de faire deux colonnes, la première : ce que je donne, la deuxième : ce qu'il ne me donne pas.

À ces « chamailleries déceptions », il faut ajouter les « chamailleries ressentiments » : quand un conjoint agresse l'autre parce qu'en fait il n'a jamais oublié une offense dans un passé même lointain. Quand le conjoint est catalogué, et que son comportement d'aujourd'hui est toujours interprété et vu à travers un comportement irritant dans le passé : « Il sera toujours le même ».

Relativiser les petits problèmes

Mais, c'est vrai, il y aussi les « chamailleries broutilles » des couples qui, de fait, se « mini-disputent » vraiment pour des riens. Comme ils le disent eux-mêmes : on a tout pour être heureux, et on est toujours à se plaindre.

La fatigue, les difficultés professionnelles, les tendances dépressives, les différences de tempérament, le poids des enfants, les échéances financières difficiles, etc., occultent tout le positif et le merveilleux de la vie de famille.

Il importe alors de relativiser ces petits problèmes. À ces couples qui se chamaillent inutilement, on a envie de crier : savez-vous que toutes ces broutilles vous paraîtraient néant si vous appreniez la maladie grave d'un enfant ou de votre conjoint ?

Ainsi, pour éviter de se chamailler, faut-il d'abord essayer de diagnostiquer la cause de ces disputes. Il est essentiel que les conjoints puissent avoir la même vision pour ne pas appeler broutilles ce qui pour l'autre est gravissime.

Et si, après réflexion et dialogue, le mari a un regard différent de celui de son épouse, il lui restera à essayer de comprendre pourquoi elle souffre tant de ce qui lui paraît mineur et sans gravité.

Je ne sais jamais quoi lui offrir

« Je ne sais jamais quoi offrir à ma femme pour lui faire plaisir, et j'ai eu mal quand, manifestement déçue, elle m'a dit la dernière fois : "C'est ça que tu m'as acheté ?" »

Ce n'est jamais évident aussi bien pour les maris que pour les épouses de trouver le cadeau qui touchera, qui fera follement plaisir. Et personne n'aime "tomber à côté" quand il s'est creusé la tête.

D'abord certains types de cadeaux sont à éviter, voire à proscrire. Le premier, c'est le cadeau pour l'autre... dont on est le premier bénéficiaire : « Chéri, disait une femme à son mari, tu m'offres cette superbe télévision numérique, mais avoue que tu seras le premier à en profiter... » On peut citer également le cadeau "pesant" qui a pour but de s'attacher l'autre dans un but inconscient de possessivité. Il est choisi pour se faire aimer davantage : cadeau empoisonné où le(la) trop-comblé(e) se sent plus ou moins acheté(e). Ne parlons pas du cadeau méchant, perçu comme un rappel à l'ordre : ce seront par exemple une cure de Slimfast pour Madame, un stage de gym pour Monsieur ! Pas plus plaisant, le cadeau rituel offert moins par plaisir que par obligation, cadeau impersonnel, vu ou revu parce qu'à la mode.

Quant au cadeau utile (un pull, des chaussures, une chemise...), il a ses partisans et ses détracteurs. Les couples moins argentés l'adoptent plus facilement. Mais le cadeau comporte une part de gratuité, de luxe, de spontanéité, qui ne peut être totalement évacuée. Voilà pourquoi les fleurs, les parfums, et surtout les bijoux pour ces dames, sont toujours fortement appréciés.

Dans un couple, l'échange de présents n'a rien de secondaire. Le cadeau reste l'un des grands symboles de l'amour, riche de souvenirs, lourd du poids de l'amour. On sait quel attachement une épouse peut avoir à sa bague de fiancée ou même aux tous premiers cadeaux précieusement conservés, même s'ils ne sont pas de grande valeur.

Plus d'un mari se pose la même question que mon correspondant. « Quel est le cadeau qui cette année peut bien faire plaisir à ma femme ? » Difficile de répondre d'une façon absolue, car toutes les épouses ne réagissent pas de la même manière.

Le cadeau qui fait plaisir à une femme

Pourtant, on peut noter quelques exigences communes à la gent féminine.

Le cadeau qui fait plaisir à une femme n'est pas forcément le cadeau surprise, mais le cadeau qui « a été annoncé, sans être annoncé, tout en étant annoncé ». Le mari peut trouver la façon subtile de préparer sa femme à le recevoir, tout en la surprenant ne fût-ce que par la manière de l'offrir. Avec le risque de "tomber totalement à plat" si par exemple la femme espérait un autre cadeau ! Remarquez qu'une épouse, qui sur le moment semblera ne pas être tellement satisfaite, pourra très bien les jours suivants dire à son mari : « Tu sais, il est formidable ton cadeau ». Et cela, sincèrement, parce qu'elle se sera faite à l'idée.

Le cadeau qui fait plaisir à une femme n'est pas forcément celui qui vide le compte en banque du mari. Une simple rose offerte avec amour, avec surprise, apporte de la joie. Mais un cadeau extraordinaire pour un événement particulier sera le témoin, pendant des années, de la force d'un sentiment...

Le cadeau qui fait plaisir à une femme est celui qui est signifiant. Son originalité, sa finesse, révèlent l'amour de celui qui l'a choisi. Le cadeau est l'un des rites les plus doux et les plus parlants de l'amour. Il a eu sa place autrefois dans l'amour naissant, car il était une occasion de se déclarer subtilement. Il nourrit ensuite l'amour installé, surtout quand il se veut fantaisiste et varié.

Le cadeau qui fait plaisir à une femme est offert avec délicatesse. « La manière de donner vaut mieux que ce que l'on donne. » C'est la parole amoureuse au moment de la remise du paquet, le bouquet de fleurs qui accompagne le robot ménager qui vont toucher le cœur autant que le cadeau lui-même.

Mais surtout, le cadeau qui fait plaisir à une femme, c'est celui (notez bien toute la phrase) qu'elle aimerait que son mari devine qu'elle désire ! « Il a deviné, il m'a comprise, il m'a écoutée, donc il m'aime ! » Il n'est pas rare que la femme donne un discret coup de pouce à l'attention de son mari quand par exemple lors d'un repas entre amis, elle dit à sa voisine : « Que vous avez une jolie bague ! », ou encore :

« Ne trouves-tu pas qu'elle a une jolie bague ??? » Une phrase qui est pour vous ! Un message qu'il faut savoir décrypter et garder en mémoire.

Joindre l'utile à l'agréable

Quant aux messieurs, que peut-on bien leur offrir pour leur faire plaisir ? Quand la femme demande à son mari : « Que veux-tu pour ta fête ? », il est bien rare qu'elle ait une réponse positive : « Je n'ai besoin de rien ! » Et c'est vrai que certains n'ont pas de désirs réels, surtout s'ils ont l'habitude de s'offrir eux-mêmes sur-le-champ ce qui leur manque. C'est également le cas de ceux qui se considèrent comme des mal-aimés : ils crient bien haut qu'ils ne veulent rien pour tester l'amour de l'épouse.

Le cadeau qui fait plaisir au mari n'est certainement pas l'incontournable cravate, cadeau devenu trop classique à moins de sortir vraiment de l'ordinaire. Ce n'est pas non plus en général un beau bouquet de fleurs, dont il ne saurait vraiment pas quoi faire. C'est le cadeau qui joint l'utile à l'agréable : le gadget pour sa chère voiture, l'outil sophistiqué qu'il n'a pas encore osé s'offrir...

Le cadeau qui fait plaisir au mari, c'est le cadeau qui rentre dans ses préoccupations ou ses hobbies. Un CD pour un mari musicien, un nouveau programme pour l'informaticien, etc. Heureuse épouse qui a un mari collectionneur : elle sait chaque fois quoi offrir.

Mais répétons-le, le mari ne précise pas toujours ce qu'il aimerait : « Tu sais bien, ce que je désire, c'est toi et rien d'autre... » Et, somme toute, voilà une jolie phrase qui excuse tous les silences.

UN JUSTE ÉQUILIBRE

Je n'ai pas ma place chez moi

« Je me demande quelle place je tiens dans la vie du ménage ! » « Que je parle ou que je me taise, c'est pareil... » « Chez nous, je ne me sens pas vraiment chez moi. »

Il arrive que l'un des conjoints ait l'impression de n'avoir jamais pu trouver réellement sa place dans la vie du couple. Il est évident que ce sentiment de laissé(e) pour compte peut s'enraciner profondément dans le passé. Celui ou celle qui, enfant, n'a pas trouvé vraiment sa place dans la fratrie, qui a pu déjà, à cette époque, avoir l'impression de ne pas être considéré(e), verra surgir et s'exaspérer plus tard ce sentiment d'abandon à la moindre occasion.

Les "SDF" du couple

Dans cette catégorie de "SDF" du couple, on trouve évidemment le conjoint venu habiter dans la maison de l'autre, dans les meubles choisis par l'autre, quand ce n'est pas dans les meubles des beaux-parents si généreusement laissés au jeune couple. Or il est particulièrement désagréable, surtout pour l'épouse qui a rêvé d'organiser son intérieur à sa guise, de se retrouver dans un univers qui ne correspond pas à ses goûts. Aujourd'hui, ce cas de figure est moins fréquent. Pourtant cette situation se rencontre parfois, ne fût-ce que dans les cas de remariage. Elle n'est pas sans poser quelques problèmes, même si le conjoint invitant dit toujours avec une grande sincérité : « Sache bien que tu es ici chez toi. Tu peux changer les meubles de place. Mettre d'autres tableaux... sauf peut-être celui que Maman nous a offert ».

Cette impression de ne pas avoir trouvé sa place peut également se vivre au sens strict. Matériel. C'est le mari qui cherche vainement où il pourrait poser ses dossiers dans une maison magnifiquement organisée par une parfaite maîtresse de maison : « Je t'en prie, range tes papiers, ils n'ont rien à faire dans ce salon où nous recevons ». Et le mari de battre en retraite dans un coin, refuge encombré de tout son matériel.

Mais c'est aussi le cas des épouses qui, à l'inverse, voient le mari envahir le foyer par son activité professionnelle : « Mon mari a un bureau bien à lui, mais comme cela ne lui suffit pas, il finit par squatter la salle de séjour, où nous retrouvons, pêle-mêle, classeurs, sacoches, ordinateur, documents en tout genre. Je n'ai même pas une table pour mes affaires personnelles. Les enfants ont leur chambre... moi, rien ! »

Prendre soin de valoriser l'autre

Cette impression pénible de ne pas avoir d'endroit pour soi a une explication plus psychologique que matérielle. « Je n'ai pas de place chez nous » ne signifie-t-il pas plutôt : « Ici, je ne compte pas vrai-

?!
COMPLET
MON LOGIS
BRUNOR

ment » ? S'il est difficile par exemple de vivre dans la maison familiale de l'autre, n'est-ce pas avant tout à cause de ce qui est ressenti ? « Je passe après *sa* famille ! » S'il est pénible de voir son salon envahi par les dossiers du mari, n'est-ce pas aussi que son travail est vécu comme prioritaire ? Si bien que ce sentiment de ne pas compter se décline dans tous les autres aspects de la vie du couple. Des plus mineurs aux plus graves : « Pourquoi as-tu coupé tes longs cheveux sans me demander mon avis ? – Mais, chéri, je l'ai fait pour toi, tout le monde me trouve plus belle, plus jeune ! » (compris ainsi : « Mon avis à moi ne compte pas... »). Autre exemple : « Tu as commandé cette voiture parce qu'elle te plaisait... mais elle est chère, était-ce bien le moment ? – Mais, ma chérie, c'était une affaire à ne pas manquer, je t'assure ! – Et toi, tu le fais sans m'en parler ? Une fois de plus, moi, je ne compte pas ! »

Il importe donc que chaque couple qui rencontre cette difficulté s'interroge sur son comportement. Cette petite phrase, « ici, je ne compte pas », n'est pas anodine et peut traduire une réelle souffrance. Chaque conjoint a-t-il assez le souci de prendre soin que l'autre soit valorisé(e) ?

Une bonne question à se poser : est-ce que mon conjoint (ma conjointe), parce qu'il (elle) m'a épousé(e), devient avec moi, par moi, grâce à moi, ce type réussi d'homme ou de femme qu'il (qu'elle) est appelé(e) à devenir ? Dès lors, oui ou non, chaque membre du couple se sent-il pleinement chez lui, pleinement reconnu dans son droit d'avoir ses opinions, et d'être partie prenante dans les décisions du couple ?

Le couple, communauté nouvelle et originale

La communauté conjugale est l'émergence d'une structure unique : le « nous » (on ne dit pas : tes gosses pleurent...). Elle n'est pas l'addition d'un « je » et d'un « tu », a fortiori l'absorption d'un « je » par un « tu », mais le surgissement d'une cellule nouvelle et originale constituée par l'acceptation et l'interpénétration des richesses de chacun. Une cellule qui doit prendre absolument le large, loin des souches parentales, pour trouver sa propre route de croisière.

Une cellule qui ne saurait sombrer ni dans la fusion, ni dans la phagocytose de l'un par l'autre. Une cellule où chacun doit avoir le sentiment qu'il est prioritaire dans la pensée de l'autre, qu'il existe pleinement dans son regard, de la même façon qu'il existe pleinement dans le regard de ce Dieu qui dit à chacun : « Tu as du prix à mes yeux ! »

Il dit que je l'étouffe

« Mon mari dit que je l'étouffe, alors que je fais tout pour son confort et son bonheur ! »

Il n'est pas rare d'entendre un conjoint affirmer que, depuis son mariage, il éprouve un sentiment pénible d'étouffement, quand il ne dit pas, plus prosaïquement, qu'on lui « pompe l'air ». Et il ne faudrait pas croire que ce sont uniquement des maris qui tiennent de tels propos. Combien d'épouses qui se sont plaintes amèrement de l'absence de leur mari accaparé par sa vie professionnelle trouvent, la retraite venue, qu'il est un peu trop « dans leurs jambes »... C'est que le couple a besoin de respirer !

N'être qu'un, en restant deux

En fait, tout couple est animé par deux grands désirs qui peuvent paraître contradictoires et difficiles à concilier :

– Le désir d'unité. Ceux qui s'aiment ont en général une soif ardente et impatiente de vivre une union profonde, s'exprimant dans un besoin de présence et de partage à tous les plans – besoin ressenti plus fortement peut-être par l'épouse. « Quand nous serons mariés, disent certains fiancés, nous ne ferons plus qu'un, nous ne nous quitterons plus, nous ferons tout ensemble. Nous irons ensemble à la messe, et au supermarché ! » C'est un peu la recherche de la fusion vécue dans la petite enfance dans la relation à la mère, douce fusion à laquelle il a bien fallu renoncer mais que l'inconscient rêve toujours de retrouver un jour.

– Le désir de rester soi. À l'opposé du désir d'unité, ou du moins en parallèle, existe, très fort, le désir de garder sa personnalité, de ne pas être absorbé par la fusion. On veut bien l'unité, mais on entend garder son quant-à-soi, sans être étouffé par le conjoint. « Dans un couple, il s'agit de n'être qu'un, disait Sacha Guitry, reste à savoir lequel. »

Si bien que tout couple, marié ou cohabitant d'ailleurs, est construit sur une tension congénitale, inévitable : n'être qu'un, en restant deux. Rester unis, mais séparés. Proches et distants à la fois.

Les jeunes – et les moins jeunes ! – disent parfois qu'en face du "mariage carcan", l'idéal est « l'union libre ». Mais « union » et « libre » sont deux mots qu'il n'est pas si facile de rapprocher : on ne peut jamais vivre parfaitement l'unité et la liberté. Dans un couple, on ne peut être totalement unis et totalement libres à la fois. La couverture est trop étroite : si l'unité tire d'un côté, la liberté gèle de l'autre, et vice-versa.

Tout couple, comme toute communauté (pensez à l'Union européenne où l'on rêve d'unité, mais en entendant rester anglais ou luxembourgeois !), se construit sur un équilibre permanent entre ces deux exigences.

Trois types de couples

Et l'on voit alors apparaître trois types de couples :

– Les couples où prédomine l'unité, mais aux dépens du respect des personnes. Couples "scotchés", qui s'entendent bien, mais au prix souvent de l'écrasement de la personnalité de l'un. Couples où l'un des conjoints a l'impression d'être étouffé par l'autre, trop avide d'unité.

– Les couples où prédomine la liberté de chacun. Couples allergiques aux contraintes. Couples qui se disent « modernes », parce que chacun a la possibilité de faire passer en premier ce qu'il désire. Couples "libérés" qui ne connaissent pas, prétendent-ils, ce sentiment « malsain » de la jalousie. Ou – autre cas de figure – couples "routiniers" où les conjoints vivent côte à côte, sur deux voies parallèles, qui s'écartent d'ailleurs avec les années.

L'unité est sacrifiée, et tôt ou tard, l'un des conjoints souffre de solitude, de manque de chaleur humaine.

– Les couples qui essaient de faire coexister cette double attente de l'unité et de la liberté : l'union dans le respect des personnes. Les conjoints, dans un premier temps, respectent la différence, et même s'en réjouissent, mais, dans un deuxième temps, n'oublient pas de refaire l'unité un instant sacrifiée. Couples qui, comme le chante Mannick, « ne craignent parfois de s'éloigner l'un de l'autre, un moment, que pour mieux se retrouver ».

Chacun peut vivre des activités qui l'épanouissent, à condition ensuite de partager avec l'autre ses découvertes ou ses ennuis. Ainsi l'unité sera-t-elle reconstruite, non pas malgré la différence, mais sur et grâce à la différence.

Accéder à l'amour adulte

Dans les problèmes courants de la vie conjugale, il importe de toujours sauver ces deux aspirations – en s'empressant d'honorer celle qui a pu être un instant laissée sur la touche. Un couple doit respirer, avec des temps forts d'union alternant avec des plages de liberté, seule façon d'éviter à la fois l'étouffement et la solitude à deux.

Cela exige que chaque conjoint accède à l'amour adulte, qu'il renonce à la possessivité de l'amour infantile, et qu'il sache qu'il peut supporter une certaine solitude. Ce qui exige également un amour-tendresse qui aura soif de ces grands moments de communion, où le couple se ressource après d'inévitables séparations.

Nous touchons ici le problème par excellence du couple, de tout couple : la tension inévitable entre le « n'être qu'un » et « le rester deux ». « Ensemble, vous resterez pour toujours, dit très justement le poète libanais Khalil Gibran dans *Le Prophète,* mais qu'il y ait des espaces dans votre communion et que les vents du ciel dansent entre vous. Aimez-vous l'un l'autre, mais ne faites pas de l'amour une entrave [...] Tenez-vous ensemble, mais pas trop proches non plus, car les piliers du temple s'érigent à distance. »

Or cet enjeu de la vie du couple évoque inévitablement le mystère par excellence, le mystère trinitaire. Il n'y a que dans l'Infini, au sein de la Trinité, qu'on peut n'être qu'un en restant trois. Parce que seul un amour infini est capable de vivre une union sans faille dans le respect total des personnes.

ICI, C'EST MOI QUI COMMANDE

« Ma femme et moi nous disputons beaucoup dès que nous devons prendre une décision. Elle me reproche de vouloir commander. »

Quand, dans une famille, on entend soudain la parole forte et appuyée d'un père affirmant bien haut : « Vous saurez qu'ici, c'est moi qui commande », c'est que probablement il a perdu le pouvoir qu'il croyait posséder. Voilà pourquoi il est judicieux pour un couple de se poser de temps en temps la question : qui a réellement le pouvoir dans notre famille ?

Attention, à l'intérieur du couple ou de la famille, celui qui a ou qui prend le pouvoir n'est pas toujours celui qu'on pense. Il y a en effet le pouvoir officiel et le pouvoir officieux (le vrai).

Autrefois, au temps de nos gentilles grand-mères, l'homme avait le pouvoir officiel : il était le chef de famille attitré. Mais parfois le pouvoir officieux revenait à l'épouse qui, habilement et finement, arrivait

AH !
ALORS ?..
QUI EST LE PATRON ICI ?
VOYONS SIRE !
BRUNOR

à ses fins, tout en laissant à son mari l'honneur de croire que c'était lui qui décidait. Je ne suis pas loin de penser qu'aujourd'hui certaines femmes, en voulant reprendre le pouvoir officiel, risquent bien de perdre « l'officieux ».

De nos jours d'ailleurs, autre cas de figure, ce fameux pouvoir officieux tombe parfois tout simplement entre les mains des enfants qui imposent à des parents « compréhensifs » leur façon de voir les choses et leurs choix. Qui commande pour le choix des jouets de Noël ? Qui décide si l'enfant doit aller au catéchisme ou non ?

Lutte de pouvoir

Toute communauté, qu'elle soit conjugale, nationale ou internationale, exige une régulation de décision et donc l'existence d'un pouvoir. À l'échelon d'une nation, on voit clairement s'affronter les différents pouvoirs : pouvoir des gouvernants, des médias, des syndicats, des banques, de l'opinion publique, des groupes de pression, etc.

À l'échelon du couple également s'engage souvent, plus ou moins larvée, une lutte de pouvoir, parfois même un bras de fer entre deux personnalités qui entendent ne pas se laisser écraser. Les débuts de la vie conjugale sont fréquemment difficiles pour cette seule raison que chacun entend prendre ses marques, délimiter son territoire, et ne pas se laisser absorber par la personnalité de l'autre. Par la suite, certains conjoints ont parfois un art subtil pour tenir l'autre sous leur coupe ou au contraire pour se laisser enchaîner. Qui dira la force prodigieuse d'une épouse qui sait, au moment opportun, verser une larme culpabilisante ou faire un doux chantage à l'amour, « Si tu m'aimais, tu ferais ce que je te demande... », pour obtenir ce qui lui tient à cœur ! Mais qui dira la force prodigieuse d'inertie de certains maris, fermés hermétiquement aux appels des leurs à plus de tendresse, à plus de responsabilité au sein de la famille, à plus de spiritualité !

Laisser l'amour arbitrer les divergences

Comment dès lors dépasser ces luttes (sourdes) de pouvoir sinon d'abord en en prenant clairement conscience ? Par le dialogue, sans jugement, les conjoints peuvent essayer de repérer les différents domaines où l'un a le pouvoir, où l'autre se sent nié, ou même écrasé. Il est fréquent d'entendre dans un couple en pleine crise l'un des conjoints reprocher à l'autre, après des années de vie commune, de ne pas l'avoir laisser exister.

Ensuite, il importe que chacun renonce à la tentation de la fusion qui se ferait inévitablement au détriment de l'un des deux. Renoncer aussi à la tentation de la toute puissance, ce sentiment qui remonte de l'enfance et qui ne demande qu'à profiter des dispositions amoureuses de l'autre pour mieux le diriger. Au départ d'une vie de couple, un homme est capable de faire les mille caprices de sa belle, mais si elle abuse de son incroyable pouvoir, l'homme finit par se lasser. On ne commande à l'autre qu'en lui obéissant. « La force désarmée est la plus puissante du monde », disait Martin Luther King. Un proverbe égyptien prétend que « la femme est doublement attachée si la chaîne est aimable », et un humoriste ajoutait : « surtout si les chaînons sont de pierres précieuses ».

Renonçant à un machisme désuet comme à un féminisme d'avant-garde, le couple laissera l'amour arbitrer les divergences de point de vue. Chaque conjoint a le droit d'exprimer ses désirs, mais en évitant d'en faire – plus ou moins habilement mais pratiquement – des ordres. En laissant, sans chantage, à l'amour de l'autre le soin de trouver une solution de compromis. Il importe aussi que chaque membre d'une famille, donc les enfants également, possède ses plages de liberté où il peut se refaire et s'épanouir, puis venir ensuite partager son expérience.

Une relation d'alliance

Il importe enfin d'imiter la façon de faire de Dieu dans sa relation avec les hommes. En effet, celui qui est pourtant le Tout-Puissant a établi avec les hommes une relation d'alliance, et non de dominant-dominé. Son Fils est venu sur Terre et, dans son incroyable incarnation, s'est placé de plain-pied avec les hommes : « Il ne crut pas bon de garder l'égalité qu'il avait avec Dieu, mais il s'est anéanti, prenant la condition de serviteur. Devenu semblable aux hommes, il s'est abaissé, devenant obéissant jusqu'à la mort et la mort de la Croix » (Ph 2, 6-8).

Puissions-nous, dans nos familles, imiter cette folle humilité divine pour être à l'écoute des besoins et des désirs des autres, pour chercher démocratiquement les solutions les plus heureuses, pour répondre aux attentes de chacun ainsi qu'au bien commun de la famille.

Cet argent qui nous divise

« Ma fiancée "claque" beaucoup d'argent et cela m'énerve. Est-ce grave ? »

Nombreux sont les fiancés persuadés que l'argent ne posera jamais problème. « Quand on s'aime, on ne compte pas. » « Jamais je ne reprocherai à ma femme, d'origine modeste, l'argent qu'elle n'a pas apporté ! » Mais n'est-ce pas là une douce illusion ? Ce garçon a raison de pointer ce problème et d'essayer de l'éclaircir.

Dans notre société de consommation, l'argent tient une telle place qu'il serait étonnant qu'il n'ait pas de répercussions sur la vie familiale et l'amour lui-même. L'argent bien employé est une source merveilleuse de bonheur par le confort, la sécurité qu'il apporte, les loisirs qu'il permet. Mais il est aussi, trop souvent, une source de conflits sur les choix à faire, les investissements prioritaires (voiture ou salon ?).

Tensions mensuelles pour déterminer les priorités, reproches voilés envers celle qui « ne travaille pas » ou celui qui connaît le chômage, gêne pour ce dernier d'exposer ses besoins, complexe de celui qui ne rapporte pas d'argent au couple, jalousie en raison de salaires différents... Sans compter les conflits qu'il provoque avec les tiers ! Avec les frères et sœurs lors des partages des héritages, avec les beaux-parents, jugés "pingres" s'ils n'accourent pas au secours du couple en difficulté. Les conflits les plus fréquents sont provoqués soit parce que l'un des conjoints est perçu comme un "accro" à l'argent, soit au contraire comme un prodigue imprévoyant.

Épargner à tout prix...

Il y a une première catégorie de conjoints : ceux qui sont profondément attachés à l'argent. Ce sont des obsédés de la thésaurisation, les "écureuils" de l'épargne : ils boursicotent – prudemment – et économisent le moindre centime. Ils ont soif de posséder, d'augmenter leur capital. Ils se justifient en disant qu'ils « mettent de côté » pour « mettre la famille à l'abri ». Ils prêchent l'économie (de bouts de chandelles !), et sont blessés par la moindre perte d'argent. La course aux soldes (bien légitime par certains côtés) est chez eux obsessionnelle. Parmi eux, vous retrouvez ceux qui aiment l'argent pour l'argent et non pour les avantages qu'il peut procurer, ce sont les "amoureux du veau d'or" qui contemplent leur bas de laine ou leur compte en banque. On peut ranger dans cette catégorie les anxieux qui ont besoin d'être sécurisés par un matelas de beaux euros. « Au cas où il y aurait la guerre, la maladie, ou le chômage... »

Il va sans dire qu'en face, le conjoint qui doit se priver, calculer sans cesse, se cacher parfois pour donner de l'argent à ses enfants, ne peut que souffrir, et dénoncer ces comportements extrêmes.

ENFIN CHÉRI...
"QUAND ON AIME, ON NE COMPTE PAS" !
JUSTEMENT :
"LES BONS COMPTES FONT LES BONS AMIS" !!
ELLE
LUI
BRUNOR

... ou dépenser à tout va

À l'opposé, nous avons des conjoints qui estiment que l'argent est fait pour être dépensé, et qui ne se privent pas. Prodigues sans discernement, ils adorent consommer, jouissent en faisant des achats. Acheter, courir les bonnes affaires, les nouveautés, entasser les objets inutiles, "craquer" devant une paire de chaussures, compléter une garde-robe qui déborde pourtant des armoires, s'offrir le dernier ordinateur, acheter cent gadgets pour la voiture... Voilà qui donne l'impression d'exister, mais peut fortement irriter le conjoint, surtout si c'est lui qui paie ! Quand les deux conjoints sont cigales et, en outre, n'ont aucune règle de gestion, inévitables sont les découverts en banque et la course aux emprunteurs qui ont intérêt à faire le deuil de leur argent ; certains couples, même avec des salaires plus que convenables, n'arrivent pas à joindre les deux bouts.

Dans ce groupe, il y aussi ceux qui dépensent pour "épater". On achète la voiture qui éclabousse, laissant croire qu'on a un standing égal ou supérieur aux voisins (ou aux frères et cousins !). Enfin, il ne faut pas oublier tous ceux (peu nombreux) qui, dans un excès de générosité, donnent aux œuvres, à celui qui tend la main, à la paroisse, ou à leur mouvement, aux dépens parfois des besoins de la famille.

Mon rapport à l'argent

Comment dès lors atténuer, sinon résoudre, les conflits possibles dans ces deux cas de figure ? D'abord, il est essentiel que chaque conjoint ose étudier son rapport à l'argent. L'argent, du moins dans notre pays, est encore un sujet tabou, et on n'aime pas trop en parler ni avec les autres, ni avec soi-même. Il est des questions qu'on préfère ne pas se poser. Par exemple : sommes-nous justes dans nos déclarations ? Que faisons-nous de notre superflu ? Si bien qu'il importe de s'étudier loyalement : ai-je tendance à être prodigue ou attaché à l'argent ? Ce qui exige de se pencher sur ses motivations : pourquoi suis-je si attaché à l'argent ? Par souci de l'avoir, qui est chargé de compenser ce manque d'être que je ressens ? Par besoin de sécurité ? Par peur de manquer ? Pour être considéré, valorisé, en montrant les signes extérieurs de la réussite ? Par envie ? Pour être indépendant par rapport au conjoint ? Pour profiter de la vie ? Pour avoir du pouvoir dans le couple et/ou à l'extérieur ? Par besoin de donner beaucoup pour exister ?

Pourquoi, au contraire, suis-je si prodigue, dépensier ? Là encore, pour exister ? Par compensation de l'affection non reçue ? Par incapacité à maîtriser la pulsion de l'avoir qui ne veut rien moins que tout ? Pour être remarqué ou même simplement plaire ? Par mépris pour cet argent que l'on considère comme « sale », « crottin du diable » (le Curé d'Ars) ?

Ensuite, il est bon pour chaque conjoint d'essayer de comprendre le comportement de l'autre qui le déconcerte. Sans jugement. Quelles sont ses motivations et les causes profondes de son rapport à l'argent ? N'est-ce pas son éducation, son milieu social, l'attitude de ses parents en ce domaine, ses manques dans son enfance ? Ou au contraire une surabondance d'argent facile, son histoire avec ses succès ou ses échecs, son idéologie ou sa lecture discutable de l'Évangile, l'environnement d'une société à genoux devant l'argent, qui expliquent peut-être un comportement que l'on peut déplorer ? Comprendre, pour pouvoir en parler sans reproche, calmement, et ainsi mieux connaître l'autre ! Reste qu'il faudra bien gérer concrètement ces problèmes d'argent.

JE N'AI PAS ACCÈS AUX COMPTES

« Mon mari gère seul le budget familial, et je n'ai pas accès aux comptes. J'ignore totalement ce que nous possédons... »

En caricaturant, il me semble que l'on pourrait dire : « Dites-moi comment vous gérez votre argent, et je vous dirai comment vous vous aimez ». La gestion du budget est très symptomatique de la qualité de la relation. Il n'est pas indifférent de savoir par exemple quel a été le régime matrimonial choisi. Le contrat de mariage (exigé souvent par les parents) pouvait être un acte de prudence raisonnable, mais être ressenti par un conjoint comme une défiance à son égard. Un couple très uni vous dira volontiers : « Nous avons un compte joint... Nous nous faisons une totale confiance dans les dépenses de l'un ou de l'autre, l'argent ne pose pas de problème pour nous ». En revanche, quand la relation du couple est problématique, l'argent devient souvent un prétexte à disputes. Les dépenses anormales et soudaines, la "fuite des capitaux" du compte en banque, peuvent être le signe d'une rupture prochaine.

Ainsi, les problèmes d'argent ne sont souvent que les symptômes d'un problème plus profond, et la solution à ces derniers nécessite de l'identifier.

Pour certains couples, l'argent est source de conflits du fait d'une gestion discutable, objet d'incompréhensions ou de suspicions. Dans ce cas, commençons par nous poser les bonnes questions : le budget se discute-t-il à deux ? Qui tient les comptes ? Pourquoi ? Qui est perçu comme le propriétaire de l'argent ? Qui paie quoi ? Que met-on dans le pot commun et que garde-t-on pour soi ? Un seul a-t-il accès aux comptes ? Un seul connaît-il la fortune du couple ? Nous disputons-nous dans l'utilisation de l'argent ? L'un a-t-il l'impression d'être lésé en ce domaine ? Nous entendons-nous pour l'aide à apporter à nos enfants, à nos parents, aux œuvres caritatives ? Comment gérons-nous notre superflu ?

Une bonne gestion de l'argent

Pour répondre à ces questions, repérons quelques exigences d'une bonne gestion de l'argent.

Première exigence, la transparence. Dans trop de couples, l'un ignore totalement ce que gagne son conjoint ou l'importance du portefeuille d'actions, l'utilisation faite de l'argent, les plus-values ou les déficits... Confiance illimitée en soi, désir de tout contrôler, voire désintérêt du conjoint pour les questions d'argent – les causes sont variées. Or, il est tout de même essentiel que chaque conjoint puisse, s'il le désire, prendre connaissance des avoirs du couple. Même si l'un est plus compétent pour faire les bons choix, il est raisonnable que l'autre soit au courant, surtout dans les investissements importants. Acheter une maison sans prévenir son conjoint – j'ai connu le cas –, c'est un peu gros... Il arrive aussi qu'un conjoint, pour ne pas peiner l'autre, lui cache une dette de jeu, une erreur financière, un emprunt chargé de colmater un déficit. L'effet est désastreux si la "cachotterie" est découverte.

Dans les couples où l'un est fourmi et l'autre cigale, la transparence s'impose : la fourmi pour expliquer les raisons de ses réticences en face de toute dépense, la cigale pour fournir la liste de ses dépenses !

Deuxième exigence, la confiance, qui naîtra facilement de la transparence. Cela dit, autant il est important que soit bien accessible le livre de compte de la famille, autant il est lassant pour un conjoint de voir pointer chaque jour le moindre de ses achats. Il n'est pas facile de vivre avec un "conjoint comptable" qui vous dit qu'« il faut prévoir pour la famille 9,6 kilos de sucre par an, deux caleçons et demi (sic), etc. ». Autant les dépenses importantes, ou les dépenses extérieures au couple (parents, œuvres...), doivent se décider à deux, autant peut-on se faire confiance pour les dépenses ordinaires, courantes.

Si le mari a tendance à penser que sa femme dépense vraiment beaucoup, il aura la sagesse de faire tous les trois mois une descente au supermarché avec un caddy et 50 euros ! Si la femme doute de la bonne gestion de son mari et vit dans l'insécurité financière perpétuelle, le mari se gardera bien de la rassurer trop facilement : « Ne t'inquiète pas, on s'en tirera, ça s'arrange toujours ». Le couple vit alors dans un cercle vicieux : plus il est insouciant du lendemain, et moins elle est sécurisée ; et plus elle est inquiète, plus il se croit obligé pour la rassurer de se montrer "cool" davantage encore.

L'amour n'est pas un troc

Troisième exigence, le sens de la gratuité. L'argent peut venir fausser la relation lorsqu'il semble la motivation essentielle de l'un des conjoints : « J'ai l'impression que tu m'as aimé(e) pour mon argent, sache que c'est terriblement dévalorisant ». Greg, le faux millionnaire de la télévision, disait et répétait qu'il voulait s'attacher à la jeune fille qui l'aimerait pour lui-même.

Dans le même sens, la vie amoureuse d'un couple ne saurait se régler par un troc, un triste donnant-donnant : « Contre un câlin, je t'offrirais volontiers cette robe si chère pour tous les deux ». Il est des circonstances au contraire où l'un des conjoints doit se montrer capable de faire un cadeau irraisonnable, pleinement gratuit, une folie, pour manifester un amour fou et sincère.

Le sens de la gratuité s'impose aussi dans le cas où, les deux conjoints travaillant, l'un a un salaire nettement supérieur à celui de l'autre, en particulier si c'est la femme qui gagne davantage.

« Nul ne peut servir deux maîtres »

Enfin, la même conception de l'argent. Pour que l'argent soit un serviteur et non un maître, il ne faut lui porter ni mépris ni adoration. Ni mépris, car on ne peut ignorer le coût des nécessités quotidiennes (cette attitude pourrait être perçue comme le mépris du travail de ceux qui gagnent durement leur argent ou qui en manquent cruellement). Ni adoration, car il peut asservir : « La possession des richesses a des filets invisibles où le cœur se prend insensiblement » (Bossuet).

Le couple échappera à ces deux tentations s'il cultive ces valeurs essentielles que sont la justice (en premier !), qui donne à chacun son dû en respectant les besoins du « prochain le plus proche » (les besoins de mes enfants passent d'abord), l'honnêteté, qui refuse la corruption (car, que voulez-vous, oui, l'argent a une odeur !), la générosité et le partage, qui dilatent le cœur et aident à arracher des êtres à la misère, et le détachement, qui rend libre en faisant taire les sirènes des besoins artificiels, et prépare à l'envol vers « l'Unique nécessaire ». Le bon sens le dit clairement : « On n'a jamais vu un coffre-fort suivre un corbillard ». Et l'Écriture ne dit pas autrement : « Nul ne peut servir deux maîtres : Dieu et Mammon », l'amour et la richesse.

TOUT PARTAGER, TOUT FAIRE ENSEMBLE

« On se marie, n'est-ce pas, pour tout partager, pour tout faire ensemble ? Mon mari est loin de cet idéal... »

Nombreuses sont les épouses qui se plaignent que leur mari n'éprouve pas le besoin de partager davantage avec elles la vie du quotidien. « J'ai l'impression que mon mari est un célibataire marié !, disait une femme. Je sens bien qu'il m'aime, mais je désirerais tellement que nous fassions ensemble des activités : que nous suivions une retraite, que nous priions ensemble, que nous fassions du shopping... Il me manque dès qu'il n'est plus à mes côtés. » Tout faire ensemble, n'est-ce pas en effet le rêve de beaucoup d'épouses. Tout se dire. Tout partager. Faire vraiment un « nous ». Vivre côte à côte, main dans la main : n'est-ce pas là le désir de l'amour authentique ?

Dès lors, quand le mari semble craindre l'étouffement et refuse de se coller à l'autre dans une fusion aliénante, l'épouse en vient à se demander s'il est vraiment amoureux.

Une vision du couple différente

Dans un best-seller américain récent, qui reprend des idées qu'on n'osait plus affirmer en France, John Gray donne une explication toute simple (simpliste, diront certains) : les femmes n'ont-elles pas encore compris que les hommes et les femmes ne viennent pas de la même planète ? « Les hommes viennent de Mars, les femmes viennent de Vénus. »

Leur vision du couple est, au départ, radicalement différente. L'homme éprouve le besoin périodiquement de se retirer « dans sa caverne », comme dit John Gray. On aurait dit autrefois : l'homme est compartimenté. Quand il est au travail, à la pêche, ou en réunion, il oublie qu'une femme, plus unifiée, pense à lui et désire sa présence. La femme, en général, a besoin d'une présence constante de l'aimé ; l'homme d'une présence périodique. L'homme dira volontiers qu'un couple doit pouvoir respirer avec, certes, des temps forts d'union et d'intimité alternant avec des plages de liberté. N'y a-t-il pas, dans ce cas, le plaisir des retrouvailles, alors que ce n'est pas toujours facile de vivre côte à côte à longueur de journées.

Tout faire en fonction de l'autre

Mais peut-être faut-il chercher la réponse dans une autre direction. Le problème du couple n'est pas tellement de « tout faire ensemble », mais de « tout faire en fonction de l'autre ». Tout faire ensemble n'est pas possible. Surtout aujourd'hui. Pourra-t-on faire ensemble la prière avec les enfants dans ces familles où le père rentre tard ? Le travail professionnel, les activités associatives, ne permettent pas de vivre constamment l'un près de l'autre. Les femmes, elles-mêmes, de plus en plus insérées dans le monde du travail, trouvent des centres d'intérêt très prégnants hors du couple. L'amoureux qui part dans la vie conjugale en se disant « On ne se quittera jamais », devra se rendre à l'évidence : la vie sépare autant qu'elle unit. Pourtant, cette belle unité à laquelle le couple aimant aspire est possible, dans la mesure où chacun reste "branché" sur l'autre.

Ainsi, au conseil municipal, Monsieur n'oubliera pas qu'il est marié : « Quel conseil ne manquerait pas de me donner ma femme en face du problème des SDF de cet hiver ? » Il ne réagira pas seulement en son nom propre. Il aura une réaction duelle.

De même, Madame, qui se rend seule à la messe du dimanche, ne perdra pas son temps à soupirer en regrettant l'absence de son mari : elle le portera dans sa prière, elle dira à Dieu ces mots que lui-même ne manquerait pas de prononcer s'il partageait sa foi.

Cette union des esprits transcende les séparations. Encore faut-il qu'il y ait dans le couple ces instants de communication qui permettent une osmose réciproque des conceptions, des aspirations, des attentes, des joies et des peines. Notre relation à Dieu n'est-elle pas étrangement semblable à cette relation du couple ? Elle n'a rien de fusionnel, et pourtant, malgré les silences du Seigneur, n'est-elle pas riche et profonde ? Grâce à ces temps forts, que sont l'écoute de sa Parole dans l'Évangile, et surtout la réception chaleureuse de sa Présence eucharistique.

MA BELLE-MÈRE EST ENVAHISSANTE !

« Je suis très amoureuse de mon mari, mais nous avons des difficultés avec sa mère : elle est trop présente. Il s'en rend compte, mais sans réaliser à quel point j'en souffre. Pendant les vacances, un des enfants doit coucher dans sa chambre... Dès que je m'oppose, c'est un drame. »

Comme il serait facile de répondre à cette interlocutrice : soyez énergique ! Mettez votre mari au pied du mur : « C'est ta mère ou moi : choisis ! Quand te décideras-tu à couper le cordon ? » Cette attitude s'imposerait d'autant plus au cas où une belle-mère possessive prendrait littéralement sous sa coupe l'enfant, ce qui ne serait pas sans conséquence pour lui.

Tous souffrent de la situation

Cela dit, nous savons bien que la situation est complexe : les tensions dont parle cette femme cachent énormément de souffrances, et on ne

C'EST POUR TOI MA(MAN) CHÉRIE !
BRUNOR.

peut pas ne pas en tenir compte. D'abord la sienne, qui est d'autant plus grande que son mari n'en perçoit pas l'intensité. Il est possible que, pour lui, elle amplifie le problème, et que sa mère ne soit pas si envahissante que cela.

La souffrance de son mari existe aussi d'ailleurs, car un homme a du mal à se situer entre les appels contradictoires de deux femmes qui tiennent forcément une grande place dans sa vie.

Souffrance aussi des enfants, qui devinent bien la tension, et qui se sentent objets du litige, écartelés là aussi entre l'amour de leur mère et peut-être le désir de se faire choyer par leur grand-mère (sont-ils ravis de coucher dans la chambre de Grand-mère, ou, au contraire, forcés de faire leur B.A. ?).

Souffrance, enfin, de la mère du mari, qui peut croire qu'on ne l'aime pas, puisqu'on aurait tendance à lui refuser cette joie si légitime de profiter de ses petits-enfants, ou qu'on ne l'estime pas, parce qu'on craint qu'elle ne compromette l'éducation qu'on entend leur donner.

Un même regard

Comment, dès lors, naviguer entre ces souffrances, pour trouver une solution élégante pour tout le monde ?

Il semble que ce qui importe en premier, c'est que le couple ait le même regard, la même analyse sur le problème. Ce qui fait peut-être le plus souffrir l'épouse, c'est que le mari n'a pas pris suffisamment la mesure de sa souffrance. C'est que, même s'il se rend compte de la présence importante de sa mère, il ne pense peut-être pas que c'est catastrophique, mais croit qu'on peut "faire avec" sans que ça soit dramatique pour la famille.

Si bien que, souvent, l'épouse a tendance à penser que son mari "soutient" sa mère, et fait passer sa femme en second. Et si c'est le cas, cette attitude de non-compréhension du mari ne fera qu'aggraver son rejet de la belle-mère : elle souffre alors moins de son omniprésence que du pouvoir qu'elle semble lui ravir sur son mari.

C'est là qu'un dialogue s'impose pour que chacun puisse dire bien clairement ce qu'il ressent. Oui ou non, les deux conjoints ont-ils le même sentiment qu'il y a exagération manifeste de la grand-mère ? Ensuite, oui ou non, le mari voit-il et trouve-t-il raisonnable la souffrance de sa femme ?

Mon interlocutrice souligne que son mari « ne réalise pas sa souffrance ». Mais comment l'aide-t-elle à en prendre conscience ? Ce n'est certainement pas en dénonçant les défauts « insupportables » de sa mère : ces critiques ne pourraient que créer chez lui le désir de la justifier.

Ce qu'il a besoin d'entendre, c'est ce qui crie en elle ; il a besoin de comprendre pourquoi elle a si mal : ce qui suppose qu'elle, la première, puisse analyser les raisons profondes de ce rejet. Oui, qu'elle se demande d'abord, dans une sorte d'autoanalyse, pourquoi le comportement de sa belle-mère est si dur à supporter.

Il faut aussi agir

Un même regard sur le problème, cela veut dire ensuite qu'on est tous deux d'accord sur la place exacte des beaux-parents. Il est évident que la belle-mère (et le beau-père, bien sûr !) n'a pas à imposer sa présence à ses enfants : « Chaque foyer, chaque ménage », dit le proverbe.

C'est pour cette raison qu'on ne vit jamais chez les beaux-parents (mieux vaut vivre sous un pont !) : c'est le moyen le plus sûr pour détruire un couple. La loi biblique de rupture est ici impérative : l'homme quittera son père et sa mère ! Il est évident également que les beaux-parents n'ont pas à dicter leur conduite à leurs enfants. Ils n'ont pas davantage à décider des orientations éducatives données à leurs petits-enfants. Y compris en ce qui concerne la foi. Les oiseaux ont quitté le nid pour construire le leur.

Et le paradoxe, c'est que plus les beaux-parents respecteront cette autonomie de leurs enfants, et plus les enfants viendront peut-être solliciter un conseil. Dans un couple (normal !) qui se forme, les conjoints devraient pouvoir dire cette affirmation quelque peu caricaturale : « Dorénavant, mon conjoint aura toujours raison, mes parents toujours tort... »

Mais il ne suffit pas de faire la même analyse, il faut aussi agir. Et ce qu'une épouse reproche souvent à son mari (qui affirme penser comme elle), c'est de ne pas avoir le courage de parler haut et clair à sa mère. Le mari qui a peur de faire souffrir prend mille précautions : il le dit, sans le dire, tout en le disant... si bien que la mère n'entend pas clairement le message.

Car, c'est vrai, c'est au mari de parler à ses parents (comme d'ailleurs à la femme de parler à ses parents à elle). Cette femme dit qu'elle s'oppose, et que c'est le drame.

Ce n'est pas étonnant : elle n'est pas l'élément tampon ; c'est seulement le fils qui peut l'être. C'est à lui donc, un jour favorable (!), de dire clairement à sa mère quel est le désir non pas de sa femme, mais du couple.

Affection et autonomie

Il reste qu'il faut bien réaliser combien c'est difficile pour lui : il y a toujours un enfant en chacun de nous, un enfant qui retrouve les comportements de dépendance affective à la mère.

Il peut pourtant trouver les mots qui conviennent dans la mesure où il montre clairement que les exigences qu'il pose ne mettent pas un instant en question tout l'amour qu'il lui porte, comme d'ailleurs sa femme et ses enfants.

Il faut en quelque sorte que le sacrifice (très grand !) qui est demandé à des parents ne soit pas perçu comme un rejet, comme une ingratitude, mais qu'il soit compensé par des gestes d'affection bien visibles : cadeaux, célébration d'anniversaires, téléphone, invitation... « Maman, disait quelqu'un, n'a rien à voir dans notre vie de couple, mais elle aura les truffes au chocolat ! »

Il va sans dire que ce problème si fréquent invite tous les parents du monde à apprendre très tôt à se désapproprier leurs enfants. Les parents très possessifs n'ont pas fini de souffrir dans le monde de demain. Ils doivent se préparer très tôt à l'envol de leurs enfants. Se préparer à accepter parfois bien des solitudes dans une maison de retraite. Et plus ils respecteront leur autonomie, plus ils seront aimés, et plus aisément et librement leurs enfants leur reviendront !

QUELQUES DÉFAUTS

Je voudrais un peu plus de tendresse

« Ma femme ne manifeste pas de tendresse. J'en souffre beaucoup. Que faire ? »

On aurait tendance à penser que ces dames ont plus de raisons de se plaindre du manque de tendresse. « Mon mari ne me montre jamais son affection, c'est son côté ours. » Voilà une phrase que j'ai entendue bien des fois.

Or, des maris également – et probablement davantage qu'autrefois – disent souffrir d'une épouse qui semble allergique aux manifestations de tendresse et surtout incapable d'en donner. Le mari en est d'autant plus surpris que dans son esprit la femme incarne la douceur, la gentillesse exquise, la sensibilité justement dite féminine. Des qualités qu'il avait peut-être appréciées particulièrement chez sa mère.

Je ne voudrais pas, en écrivant ces lignes, culpabiliser les épouses qui ne sont pas ces trésors de tendresse que le mari espérait rencontrer. Je sais trop bien qu'elles sont souvent les premières à souffrir de cette froideur qui les habite et qu'elles ne peuvent exorciser : « Que voulez-vous ? ça ne se commande pas, c'est plus fort que moi, je ne peux pas me forcer ! » Dès lors que dire, que faire ?

Une absence de tendresse dans un cœur humain, ça n'existe pas

Je poserais volontiers un postulat de départ, qui n'est qu'un humble avis : une absence de tendresse dans un cœur humain, ça n'existe pas. Ce n'est pas parce que cette tendresse n'est pas manifestée qu'elle est absente. Elle est là, sommeillante ou bloquée, ignorée ou refoulée, crainte ou masquée. Mais très présente. On peut même dire qu'elle est d'autant plus grande qu'elle semble plus fortement réprimée.

Il importe de chercher les causes de cette fermeture, de ce blocage.

La première explication qui vient à l'esprit, c'est que l'épouse n'aime plus son mari ou même ne l'a jamais aimé. Explication plausible dans quelques cas, mais qui peut servir aussi d'alibi facile : « Comprenez-moi, je l'ai épousé sans grand élan. J'étais forcée par mon entourage. J'ai fait un mariage de raison, pensant que l'amour viendrait ensuite ».

Il faut aussi chercher dans d'autres directions. Par exemple, l'absence de tendresse reçue pendant l'enfance. Un handicap certain : comment donner ce qu'on n'a pas reçu ? Tout enfant, pour moins souffrir, a tendance à se "blinder" ou à dévaloriser le sentiment qu'il ne peut obtenir. Pourtant, en lui, demeure ce besoin de tendresse qu'il ne connaît pas, sinon « en creux », par le manque.

L'éducation peut être aussi cause de fermetures. Il est des familles où les câlins sont exclus, regardés comme des mièvreries infantiles. La

..?! MAIS ? ... QU'EST-CE QUE TU CHERCHES ?
DE LA TENDRESSE !
BRUNOR

prise de conscience de ce conditionnement pourrait aider l'épouse à prendre du recul face à ce passé et à s'autoriser un comportement jugé jusque-là futile.

Une tendresse par trop investie en direction des enfants serait-elle aussi la cause d'une indifférence vis-à-vis du mari ? On connaît la prégnance de l'amour maternel chez certaines : elles penseront volontiers que ces petits, si fragiles, ont besoin d'un environnement affectif important, alors qu'un mari adulte et fort peut en faire facilement l'économie. Comme si pour être bonne mère, il ne fallait pas d'abord être bonne épouse...

Les raisons sont multiples, le travail de guérison demandera un effort et du temps

Le refus de la tendresse peut également être un refus du plaisir, de la caresse par exemple. Signe probable d'une mésestime du corps – mésestime qui peut être la conséquence d'une éducation prude, ou d'un événement qui a affecté profondément la personne jusque dans son corps (IVG, violence...).

Un entretien avec une personne compétente peut permettre de déceler et de lever des inhibitions enfouies.

Enfin, il peut éventuellement y avoir l'impression désagréable de n'être qu'un objet, quand le mari unit systématiquement tendresse et vie sexuelle. Des femmes peuvent finir par la redouter. Elle est perçue comme une démonstration "stratégique" et non gratuite.

Et s'il y avait aussi la peur de donner pouvoir à l'autre sur son corps, sur sa sensibilité ? Une faiblesse passée du mari qui n'a jamais été vraiment pardonnée ? Etc.

Les raisons sont multiples. De toute façon, une fois la cause détectée, le travail de guérison demandera un effort et du temps.

Le mari, quant à lui, pourra proposer une tendresse désintéressée, déconnectée volontairement d'une demande sexuelle, une tendresse qui ne s'impose pas, qui sait attendre patiemment, parce qu'il est évident que tout harcèlement (de "mendiant" ?) en ce domaine ne ferait que ralentir l'évolution de l'épouse. Une attitude qui, en fait, signifie à l'autre : « Tu vois, je ne veux te contraindre en rien. Simplement, mes bras sont grand ouverts pour que tu viennes t'y blottir quand tu le désireras et que tu pourras t'abandonner. Je t'aime, c'est tout ! »

L'époux amoureux, signe de la tendresse de Dieu

À l'épouse de se réconcilier avec son corps, ce merveilleux instrument, cadeau du Créateur. Ce corps que son Fils n'a pas dédaigné de revêtir !

Voilà l'occasion aussi de réfléchir sur son rapport au plaisir, pour le considérer comme pleinement voulu par Dieu. « Les époux ne font pas de mal à prendre les jouissances attachées à leur état », disait l'austère pape Pie XII. À l'épouse toujours d'apprendre l'abandon. Le blocage est fréquent à ce niveau. Une petite fille pleure en elle, qui n'a pas la simplicité de s'abandonner dans les bras d'un époux amoureux, qui est pourtant à ses côtés le signe de la tendresse de Dieu.

MON MARI TRAVAILLE TROP !

« J'en ai marre, mon mari travaille trop, y compris le week-end... »

Cette femme n'est pas la seule à se plaindre de l'excès de travail de son conjoint. Nombreux sont les maris qui ont entendu les reproches amers d'une épouse : « Tu n'es jamais là », « Il n'y a que ton travail, tes dossiers, ton entreprise qui compte, la famille passe après », « Tu n'auras pas vu grandir tes enfants », « J'ai l'impression que tu t'embêtes avec moi, etc. ». Et la réponse des maris ne se fait pas attendre : « Tu ne crois pas que tu exagères ? Que dirais-tu si tu avais épousé un marin au long cours ou un commercial international... ou un mari passant ses soirées au café ? Et d'abord, si je travaille tant, c'est pour qui ? Tu crois que ça m'amuse ? De toute façon, dans quelques années ça ira mieux. C'est une période où je dois assurer, c'est tout ».

Comprendre le fonctionnement de l'autre

Dans ce cas, comme dans tant d'autres d'ailleurs, il importe que chaque conjoint fasse un effort d'empathie dicté par l'amour : en essayant de comprendre le fonctionnement de l'autre, son ressenti, sa façon de concevoir la vie de couple.

Peut-être, dans le cas de notre interlocutrice, son mari n'a-t-il pas pris suffisamment conscience de l'immense attente qu'une femme a du mariage.

Pour la plupart, le bonheur doit commencer ce jour-là : elles ont attendu ce jour avec impatience, elles ont rêvé de vivre enfin une relation chaleureuse et permanente qui les arracherait à leur solitude de célibataire... Au fiancé qui acquiesçait volontiers à l'époque, elles parlaient avec passion de ce « nous » qu'ils allaient réaliser : « Nous deux, nous dialoguerons... Nous deux, nous ferons un nid bien chaud pour nos petits... Nous deux, nous prierons ensemble ».

« Nous deux ! », mots magiques, porteurs d'une espérance folle. Si bien que l'épouse a ensuite besoin d'une présence continue de l'aimé, et que toute séparation est dure à supporter. Même quand elle travaille à l'extérieur, elle ne coupe pas le fil qui la relie à son mari, ses enfants, sa maison, et la pensée de ceux qu'elle aime ne la quitte jamais totalement – à moins qu'elle ne soit elle-même investie dans de hautes responsabilités.

Bien plus, s'il est une période dont elle attend beaucoup, c'est le week-end, c'est le dimanche – le jour de son seigneur ! Jeune fille, elle appréciait ces dimanches qui lui permettaient de rencontrer son fiancé, et quand le dimanche soir il la quittait, elle pensait qu'une fois mariée, il serait tout à elle. Or, voilà que justement ce fameux dimanche est devenu pour Monsieur jour de pêche, de chasse, de bricolage... ou de travail à terminer. Comment n'aurait-elle pas l'impression d'avoir été flouée ?

Essayons maintenant de mieux comprendre le « fonctionnement » du mari.

En général, il ressent moins que l'épouse le besoin d'une présence permanente de l'aimée – sauf lorsqu'il se vit comme un mal-aimé. Une présence cyclique peut le satisfaire. Moins unifié que l'épouse, il compartimente davantage sa vie, se laissant absorber tout entier par l'occupation du moment. S'il est au bureau, il n'est pas ailleurs... et un coup de fil de l'épouse ne lui provoque pas forcément un plaisir fou. Quand il est à la pêche, il regarde fixement le bouchon, sans rêver les yeux au ciel à celle qui l'attend à la maison.

Certes, l'épouse n'ignore quand même pas que son mari a des obligations professionnelles impératives ou un grand besoin de détente, mais ce qui l'irrite, c'est qu'elle a l'impression parfois « qu'il aime ça » (plus qu'elle ?), qu'il ne souffre pas de son absence, qu'elle ne lui manque pas.

Quelques idées pratiques

Dès l'instant où chacun fait l'effort de comprendre l'autre, les solutions peuvent se trouver facilement.

C'est Monsieur qui s'efforcera de noter dans son agenda des plages réservées pour le couple, faisant à sa femme le don du temps-cadeau. Qui lui expliquera aussi combien certains jours il préférerait tellement être à la maison plutôt qu'au bureau. Qui lui fera la surprise de rentrer plus tôt certains soirs ou de lui offrir un week-end en amoureux dans un coin enchanteur, compensant ainsi ses absences par des moments de disponibilité totale et d'attention. Par exemple, si le pêcheur qui a pris à sa femme des heures précieuses pour son passe-temps favori revenait le soir dix fois plus amoureux, Madame ne manquerait pas de penser : « Vivement qu'il reparte ! »

De votre côté, Madame, ne mettez pas en doute l'amour de votre mari parce qu'il travaille trop, quand justement il pense se donner à fond pour le bien de tous. Car finalement, c'est ce sentiment d'être mal-aimée ou moins aimée qui vous fait souvent prendre en grippe ce travail, aussi accaparant qu'une rivale.

Comprenez qu'il puisse cesser de penser à vous quand il mène une âpre discussion commerciale ou que, glissé sous une voiture, il répare une pièce déficiente.

C'est quand il est dans vos bras qu'il faut juger de son amour, car, à cette minute, il est tout entier à vous, et ce serait une erreur de le rejeter (pour le punir de ses absences !) ou de le renvoyer dans son compartiment-travail en lui rappelant perfidement ses préoccupations professionnelles.

Mesdames, permettez-moi, un petit conseil pour terminer : ne vivez pas uniquement pour votre conjoint, ou pour vos enfants d'ailleurs. Vivez aussi pour vous. Trouvez des activités qui vous épanouissent. Il faut aussi apprendre à vivre seul. La vie peut vous séparer, et il faut faire face.

Et puis, observez autour de vous : n'est-ce pas un brin cocasse de voir des épouses qui ont tellement réclamé la présence de leur mari à leurs côtés, ne plus pouvoir le supporter à l'heure de la retraite ?

LES HOMMES SONT SI ÉGOÏSTES

« Père, les hommes sont terriblement égoïstes, croyez-moi… »

Voilà une affirmation qui a le mérite d'être claire et qui fera bondir plus d'un homme, à commencer par l'homme que je suis !

Si nous faisions un sondage pour savoir quel est, dans le couple, le plus égoïste, la gent féminine répondrait peut-être comme un seul homme (!) : « Ce sont les hommes ! » L'homme n'est-il pas souvent isolé sur sa planète, désirant qu'on le laisse à ses préoccupations, tandis que la femme a l'impression qu'elle est seule à porter les responsabilités de la maison ? Nul n'ignore que Monsieur sait souvent s'octroyer du bon temps pour se détendre et entend, quand il rentre, avoir les pieds sous la table et prendre son repas dans le calme.

« Mon mari est un célibataire marié, me disait une épouse, il vit dans sa tour avec son ordinateur, ses bouquins, ses dossiers. Un soir, excédée, j'ai mis ses dossiers dans le lit, et je suis allée dormir chez une amie. »

Combien d'enfants se plaignent d'avoir un père qui, une fois rentré, se "plante" devant la télé, l'ordinateur, ou le journal ? « Quand je veux m'asseoir sur les genoux de Papa, il me dit qu'il est fatigué. Alors, quand il se lève, je vais m'asseoir sur sa chaise » (Nathalie, 9 ans).

Les hommes et les femmes, égoïstes différemment

Voilà un portrait caricatural du mari « moyen », qui explique que les hommes sont souvent taxés d'égoïstes. Mais il faut, pour être objectif, y apporter bien des bémols. Ils ne manquent pas, les pères qui mettent en bonne place l'attention à leur épouse et à leurs enfants. Même si les statistiques disent qu'ils sont loin d'être majoritaires, les maris qui prennent une part active aux tâches ménagères sont en légère hausse. Et d'un autre côté, des femmes qui se laissent accaparer par une profession qu'elles aiment, peuvent, elles aussi, donner l'impression qu'elles sacrifient leur famille à leur réussite professionnelle.

D'autre part, beaucoup de maris, accaparés par leurs obligations professionnelles, acceptent mal d'être jugés comme égoïstes, alors qu'ils travaillent tant pour donner à leur famille un standing décent. Croyez-vous que beaucoup de ces maris « absents », passant d'un train ou d'un avion à l'autre, ne préféreraient pas être chez eux, à jouer avec leurs enfants ou à dîner en tête-à-tête avec leur épouse ?

On rencontre aussi l'égoïsme dans l'univers féminin. Il est moins visible et prend le masque de la générosité. L'homme vit sur sa planète, c'est un égoïsme d'indifférence. La femme, elle, voudrait que l'autre soit sur sa planète, c'est un égoïsme de possessivité. La femme dira volontiers : « Je ne vis que pour vous, vous ne pouvez pas me reprocher de penser à moi ». Cette abnégation ne cache-t-elle pas parfois un amour captatif, qui veut garder jalousement dans son orbite conjoint et enfants ?

Il ne faut pas dire trop vite : les hommes sont plus égoïstes que les femmes. La forme de leur égoïsme est différente. C'est la prise de conscience de cette part d'égoïsme présent en tout être humain qui améliore les relations familiales.

Comment lutter contre ses tendances égoïstes ?

L'homme luttera contre sa tendance à s'enfermer dans « sa caverne », en réalisant que femme et enfants ont besoin de sa présence, de sa tendresse exprimée, de ses coups de fil, de ses petites attentions. Il ne s'agit pas de faire sa b. a. pour ses proches, mais de savourer davantage les joies familiales. Loin de craindre de faire souffrir son épouse, il lui confiera ses soucis, ses déceptions. Il montrera combien la famille est prioritaire dans son cœur, sinon dans son emploi du temps.

La femme luttera pour ne pas mettre mari et enfants en surchauffe affective. Elle développera sa personnalité pour ne pas devenir quelqu'un qui ne vit que par les autres ou pour les autres. Elle laissera à ceux qu'elle aime des plages de liberté, et saura reconnaître des gestes d'amour dans le travail de son mari, même s'il est peu loquace ! Elle se gardera d'un maternage captatif, une mère possessive est condamnée à souffrir plus tard quand les enfants partiront, ou passeront rarement la voir en maison de retraite !

Mais attention, si l'égoïsme est l'amour exagéré de soi-même, l'amour raisonnable de soi est légitime, et même essentiel, pour aimer les autres, pour aimer aussi le Créateur qui, le premier, nous a créé aimable.

QUAND LA JALOUSIE DEVIENT INSUPPORTABLE

« Mon mari est terriblement jaloux. Il a beau me dire que la jalousie est une preuve d'amour, j'en suis venue à ne plus pouvoir le supporter. »

La jalousie est un sentiment plus que fréquent chez les couples. Il a un côté assez sympathique, car il donne à chaque conjoint la certitude d'aimer et d'être aimé. « La jalousie seule m'a fait sentir que j'étais amoureuse » (Madame de la Fayette). La jalousie met souvent un peu de piquant dans la vie. Madame Deshoulières écrivait au XVIIe siècle : « Un peu de jalousie éveille un amour heureux qui s'endort ». Et l'on comprend la réflexion du mari de notre lectrice, qui dit probablement : « Ne te plains pas de ma jalousie, tu vois bien que c'est une preuve indubitable de mon amour pour toi... »

Mais la jalousie prend vite une coloration désagréable quand elle est excessive et non fondée. Il ne s'agit pas là de la jalousie légitime qu'éprouverait un conjoint trompé. Ni même de cette jalousie amusée qui est la conséquence du caractère exclusif de tout amour véritable. Mais de cette jalousie quasiment maladive, qui doute, suspecte, craint sans raison.

Elle devient vite insupportable. Pour celui (ou celle) qui est soupçonné(e), et qui est agacé(e) d'être continuellement surveillé(e). Mais insupportable aussi pour le jaloux, qui est le premier à en souffrir. Il en a honte. Elle engendre de la violence contre lui-même comme contre l'autre. « Elle est puissamment corrosive. Elle use les sentiments les plus vivaces, les relations les plus belles. Elle donne un sentiment de panique, de ne plus exister, ou d'être impitoyablement rejeté » (Jacques Salomé). Elle entraîne la dévalorisation de soi-même : « De toute façon, je sais bien que je ne vaux rien. Tu ne m'as jamais aimé, et c'est normal, vu ce que je suis ».

Constat d'échec sur soi-même, elle pousse en même temps à la culpabilisation et à l'accusation de l'autre : « Tu ne t'occupes pas de moi. Il n'y en a que pour les autres », « Tu ne penses qu'à toi ». Elle met tout en œuvre pour garder le contrôle de l'autre, y compris le chantage. Elle le pousse même à être à son tour jaloux : « Si tu n'es pas jaloux, c'est que tu ne m'aimes pas ! »

Un manque de confiance en soi

Tout peut être occasion de jalousie : un enfant, une belle-mère, le travail, tout ce qui peut donner l'impression qu'on ne compte pas en premier. Et on ne guérit pas facilement d'une jalousie profonde.

Certes, le conjoint peut faire beaucoup pour guérir un partenaire jaloux. Il devra par exemple prendre souvent les initiatives en amour :

TU AS REGARDÉ CET HOMME !
TOI... TU DEVRAIS REGARDER DEVANT TOI !
BRUNOR

le jaloux en effet croit qu'il est un mal-aimé, il a besoin de preuves fréquentes d'affection. Il devra aussi avoir une grande transparence dans sa vie, une grande clarté dans ses horaires par exemple. S'il ment tant soit peu, ne fût-ce que pour éviter une histoire, il nourrit la jalousie. Mais en général, c'est le jaloux qui doit faire un travail sur lui-même pour retrouver la paix.

Une thérapie peut s'imposer dans des cas particulièrement obsessionnels. Toutefois, un grand pas vers la libération peut être fait par le biais de prises de conscience.

Ainsi est-il bon de chercher en soi la cause profonde et réelle de cette jalousie. La racine est un manque de confiance en soi. C'est de soi que l'on doute, plus que de l'autre. On ne croit pas à son pouvoir de séduction, parce qu'on est soi-même persuadé qu'on est sans valeur et que l'autre ne peut pas manquer de s'en apercevoir.

D'où peut venir ce manque d'estime de soi ? Bien des explications sont possibles.

D'abord, du côté du passé. Tout être humain sait qu'il a dû partager avec ses frères et son père celle pour qui il se croyait unique : sa mère. Il y a des jalousies qui commencent à la naissance du plus jeune frère, et qu'on retrouve au temps des héritages ! Et peut-être a-t-on souffert d'une éducation où était cultivée la comparaison, voire la rivalité. Ou même tout simplement survit en nous l'archaïque désir infantile de tout avoir. Le jaloux ne voudrait-il pas posséder même le passé de l'autre ?

La cause peut se trouver dans un passé tout proche. Elle est peut-être cachée dans une histoire récente, une attitude ambiguë du conjoint. Provocation, imprudence, manque ou excès de réserve, ragots, créent des suspicions, déstabilisent. Un ancien adultère – qu'on n'arrive pas à oublier –, la projection sur l'autre de ses propres tentations d'infidélité, peuvent également tuer la confiance.

Des attitudes de bon sens

Après ce temps d'introspection, primordial, des attitudes de bon sens peuvent atténuer la jalousie :

– la lutte contre la tendance possessive de l'amour : la jalousie est souvent l'envers de l'amour captatif. L'amour vrai est oblatif : il n'enchaîne pas l'autre, ce qui est d'ailleurs la meilleure façon de se l'attacher. L'amour ne grandit que dans la liberté ;

– la prise en compte de la tonne de choses que l'autre nous donne, et non pas du petit rien qu'il a oublié ;

– la certitude que « trente soupçons ne font pas un doute » : beaucoup de jaloux ont la manie des rapprochements, et en accumulant des petits détails, finissent par avoir la certitude qu'ils sont trompés ;

– le souci de veiller à ce que l'autre trouve près de nous ce qu'il attend de la vie de couple : il ne sera pas tenté alors d'aller le chercher ailleurs !

– mais surtout, retrouvons la confiance en nous-mêmes et en Dieu. Ayons ce sentiment d'être unique, donc irremplaçable. Regardons-nous avec les yeux de Dieu, pour qui nous avons un prix fou. Pourquoi doutons-nous de nous, quand lui n'en doute pas une seule minute de son Éternité !

MON MARI NE PRATIQUE PLUS

« Mon mari s'est arrêté brusquement de pratiquer. Je ne comprends pas ce qui lui arrive. Notre prière ensemble était pourtant un temps fort et merveilleux de notre vie de couple. Que faire ? »

Comment ne pas entendre la déception profonde qui habite l'auteur de cette question ! C'est, à ses yeux, la fin de cette magnifique unité qu'ils formaient tous deux devant le Seigneur. Un arrêt qui touche surtout par sa brutalité, et aussi par son caractère inexplicable. « Je ne comprends pas », dit-elle. Ce qui laisse entendre que le mari n'a pas donné de justifications à son changement d'attitude, ou qu'elle doute des raisons qu'il a pu alléguer.

Je suis donc réduit à émettre différentes hypothèses, pour avoir quelque chance d'approcher la véritable raison de ce changement.

J'élimine, dès le départ, l'hypothèse trop évidente d'une faiblesse grave d'ordre moral, car il est clair qu'une conduite morale qui n'est

TU NE VIENS PLUS ?
PRATIQUEMENT PLUS.
BRUNOR

plus en conformité avec les exigences de la foi peut entraîner une chute de la pratique (ce qui est peut-être dommage, car une vie de foi permettrait de retrouver une vie moralement droite). Surtout si l'intéressé est honnête et ne veut pas se sentir obligé de s'approcher de l'Eucharistie.

Il est d'autres explications plus subtiles, et plus fréquentes

Je pense tout d'abord à ces maris qui ont été plus ou moins amenés au cours de leur vie de couple à vivre au plan religieux « au-dessus de leurs moyens ». Bien souvent, leurs femmes, sans le vouloir, les ont plus moins contraints à « épouser » leur façon de vivre leur propre relation à Dieu. Sans en prendre conscience, elles ont tiré leurs maris vers le haut, mais un peu trop ! Par amour, les maris ont pu suivre, jusqu'au jour où ils ont pensé qu'ils avaient « assez donné », qu'ils entendaient vivre leur foi à leur rythme et à leur façon.

Très proche de cette situation, celle des maris qui finissent par prendre en grippe les investissements trop importants de leur femme dans la vie ecclésiale : « Au lieu de passer ses journées (!) à la paroisse, elle ferait mieux de tenir sa maison ».

Il ne faudrait jamais oublier que Dieu n'appelle pas contre le conjoint ou contre les enfants, mais à travers eux. Il est possible que des épouses aient le devoir de remettre en cause certains engagements, ressentis par le mari ou les enfants comme une évasion ou une indifférence à leur égard.

Une autre explication possible est le blocage devant une prise de position de l'Église jugée inacceptable ou ridicule. « Permettez-moi de ne pas penser comme le pape (ou comme notre curé !) au sujet de la contraception, de la repentance, de la nomination de tel évêque ou de la mise à pied de tel théologien... » L'Église n'hésite pas aller à contre-courant de l'opinion publique quand des valeurs importantes sont en jeu. Elle est alors souvent perçue comme hors du réel ou non crédible, surtout si ses propos sont en outre tronqués par les médias.

Enfin, n'évacuons pas l'hypothèse d'une perte réelle de la foi. Dans la vie de tout croyant il y a des périodes de doutes, de nuits. Le terrible problème du mal peut obscurcir soudain les plus belles évidences de la foi. Qui n'a pas connu un moment de doute profond devant la maladie d'un enfant, la disparition insupportable d'un être aimé ?

Il est possible également qu'une foi qui ne serait que reçue de l'enfance et qui n'a pas été ensuite remise en question et étayée par une réflexion personnelle, s'écroule comme un château de cartes devant certaines découvertes scientifiques, ou certaines critiques médiatiques.

Il est même étonnant de voir des chrétiens continuer à croire, vu la connaissance plus que limitée qu'ils ont des grands mystères de la foi...

Dès lors, que peut faire l'épouse ?

– Accepter. Mieux : accueillir respectueusement ce changement d'attitude. Sans jugement. Sans reproche. Sans prosélytisme intempestif.

– Aimer plus. Il est essentiel que le mari perçoive que Dieu n'est pas un rival. Bien au contraire, c'est lui qui demande à l'épouse d'aimer son mari, c'est lui qui l'appelle, non pas contre ce mari, mais à travers lui et ses besoins raisonnables.

– Vivre sa foi. Sans « bigotisme », en étayant davantage sa foi personnelle, qui peut se trouver déstabilisée à son tour.

– Prier, prier, prier. La foi ne « s'attrape » pas comme la grippe. La foi est un don de Dieu, mais un don qui respecte la liberté humaine. Certes, les signes ne manquent pas, mais plus souvent les yeux pour les voir. Dès lors, prier pour que la grâce donne de l'éclat et une visibilité à ces signes. Puis prier pour deux. Porter à Dieu la louange et les demandes du couple. Prier en passant du « je » au « nous ». « Nous te louons, nous t'aimons... » Cesser de prier en célibataire.

– Parler. Mais seulement dans un moment favorable. Sans forcer le mari à s'expliquer. Sans le juger surtout. Mais en lui disant simplement son unique désir : qui n'est pas de le contraindre à retrouver la pratique, ni même à croire, mais à chercher, à chercher tout simplement la vérité. Et la volonté de Dieu.

Mon mari me délaisse pour Dieu

« À la suite d'une retraite, mon mari a vécu une véritable conversion. Depuis, il n'y a plus que Dieu qui compte, et il me l'a fait comprendre clairement... Ses dévotions passent avant nos rencontres, et j'en souffre. »

Dans un couple, il est fréquent que l'un des conjoints ait l'impression qu'il arrive en seconde position dans le cœur ou les préoccupations de l'autre. Combien de femmes reprochent à leur mari de ne penser qu'à son travail ! (« Il me trompe avec son usine », me disait une épouse). L'un a ses engagements, l'autre ses loisirs (son bateau, sa varappe, sa partie de cartes du dimanche après-midi...). Et combien de maris reprochent à leur femme de les délaisser pour les enfants, pour leurs tâches ménagères, ou pour la catéchèse !

Mais ici, il s'agit d'un cas bien particulier qui mérite qu'on s'y arrête : comment situer la place du Seigneur dans la vie d'un couple ? Il arrive en effet parfois que le mari (mais ce pourrait être l'épouse), découvrant soudainement les merveilles de la foi, s'élance sur les sommets de la vie mystique, laissant son épouse dans la vallée.

D'ailleurs, en relisant l'Évangile, ne voit-on pas que le Christ entend passer en premier et être le préféré ? « Celui qui vient à moi sans me préférer à son père, à sa mère, à sa femme, à ses enfants, n'est pas digne d'être mon disciple » (Lc 14, 25). Le texte original est même plus brutal : il s'agit de haïr ses proches, même si ce passage doit être interprété comme un hébraïsme qui veut souligner avant tout la nécessité du choix.

Il n'y a pas d'opposition entre l'amour de Dieu et l'amour du conjoint

Dès lors, qui doit passer en premier : Dieu ou ma femme ? Dieu ou mon mari ? Certains conjoints ont tranché la question, cet écartèlement, en terme d'opposition : en optant pour Dieu comme, semble-t-il, le mari de notre lectrice, ou en optant pour le couple : « Pour le moment, je m'occupe de mon mari et de mes enfants. Plus tard, je prendrai les raccourcis de la perfection et je penserai à Dieu » !

D'autres ont résolu le problème en terme de juxtaposition. Il y a dans leur vie (et dans leur cœur) une part pour le conjoint et une part pour Dieu. Le cœur est compartimenté. À la maison, ils estiment que ce qui s'y passe ne regarde pas Dieu. À l'église, ils prient (et se confessent) comme des célibataires. Il est clair que la solution, comme aimait le rappeler le R. P. d'Heilly, fondateur des Centres de préparation au mariage, est la synthèse, pour ceux qui ont réalisé qu'il n'y a pas d'opposition entre l'amour de Dieu et l'amour humain. Bien au contraire.

C'est vrai que Dieu doit être aimé en premier. Mais aimer Dieu, qu'est-ce à dire ? Éprouver les transports d'un cœur brûlant comme peut le vivre la fiancée retrouvant son aimé ? « Sentir Dieu » ? Certainement pas. Aimer Dieu, c'est avant tout faire sa volonté. Or quelle est la volonté de Dieu sur un mari, sinon justement d'aimer en premier son épouse, qui est son prochain par excellence, sa « moitié », la chair de sa chair ?

En aimant mon conjoint, par le fait même, j'aime Dieu qui me demande de l'aimer. Il n'y a qu'un seul amour. L'appel de Dieu ne se fait pas à côté du conjoint, a fortiori contre le conjoint, mais à travers le conjoint : toute demande raisonnable de sa part est dans ma vie volonté de Dieu. Impossible, à la messe par exemple, de dire à Dieu : « Je t'aime », alors qu'on fait souffrir son conjoint. « Va d'abord te réconcilier avec lui (elle) avant de m'apporter ton offrande ! »

À l'écoute de l'appel de Dieu

Quand je construis l'amour de mon conjoint, je fais ce à quoi Dieu m'appelle, je fais grandir l'amour de Dieu en moi. Quand je m'éloigne de mon conjoint, je m'éloigne de Dieu. Tagore, qui n'était pas chrétien, traduit parfaitement cette exigence : « Un homme voulait se faire ascète. Une belle nuit, il déclara : "Le moment est venu pour moi d'abandonner ma demeure et de chercher Dieu. Ah ! qui donc m'a retenu si longtemps dans de trompeuses illusions ?" Dieu murmura : "Moi", mais l'homme ne comprit pas. Il dit : "Où es-tu, toi qui t'est joué si longtemps de moi ?" À ses côtés, sa femme était paisiblement étendue sur le lit, un bébé endormi sur son sein. La voix reprit : "Dieu, il est là !" Mais l'homme n'entendit pas. Dieu ordonna : "Arrête, insensé, ne quitte pas ta maison !", mais l'homme n'entendit pas encore. Dieu soupira : "Pourquoi croit-il me chercher quand il s'éloigne de moi ?" » (*Le Jardinier d'Amour* – Gallimard).

Dès lors, dans le cas étudié ici, que l'épouse entende l'appel de Dieu au cœur de son mari, mais aussi l'appel de Dieu en sa direction, à travers justement la soif de Dieu de son conjoint. Et que le mari réponde à cet appel, non pas au détriment de son épouse, mais en allant à Dieu dans une recherche au quotidien, dans le concret de la vie, d'un amour toujours plus grand et mieux manifesté pour son épouse.

Il reste que parfois cette « conciliation » du double appel demandera un certain ressourcement : des temps forts de prière, de retraite permettront ensuite de trouver Dieu dans la grisaille du quotidien, et un dialogue entre époux pourra préciser les priorités.

Il reste également qu'il faudra aussi éviter un écueil des foyers trop mystiques qui rêvent de ce que le père Caffarel appelle « un communautarisme spirituel », où l'ardent désir de « tout faire ensemble » amène à vouloir, par exemple, « se confesser ensemble » au prêtre.

Il y a une part mystérieuse de la personne qui échappera toujours à l'autre, cette part que Dieu s'est réservée quand il l'a créée unique au monde.

Pour la défense des maris

« Père, permettez-moi de vous dire que vous vous en prenez un peu trop souvent aux maris dans vos chroniques. Mais, croyez-moi, ils ne sont pas toujours au départ des conflits conjugaux... »

Si je relis rapidement les pages précédentes, je suis bien obligé de reconnaître que mon interlocuteur a raison ! J'ai parlé plus souvent des défauts ou lacunes des hommes que des faiblesses et des erreurs de ces dames. Veuillez m'en excuser.

Toutefois, pour me justifier, je dois noter d'abord que les plaintes viennent le plus souvent des épouses : elles disent leur déception (elles ont tellement attendu du mariage) ; elles ont surtout la simplicité d'oser dire leurs aspirations et leurs frustrations. Plus exigeantes que l'homme peut-être sur la qualité de la vie conjugale, elles souffrent souvent d'un mari qui donne l'impression de se contenter facilement de sa situation d'époux du moment qu'il a un certain confort, une table bien servie, un intérieur reposant, et la satisfaction de ses désirs intimes. Plus pudiques sur leurs sentiments, les hommes parlent en général beaucoup moins de leurs doléances, si bien qu'on peut penser qu'ils ne sont pas à plaindre, ou qu'ils ne tiennent pas à parler de ce qui les concerne profondément. Je remercie donc ce lecteur de me permettre de préciser les choses.

Les problèmes ne viennent pas du seul côté des maris

Car il est juste de souligner que les difficultés ne naissent pas du seul côté des maris. Je n'ignore pas qu'une femme qui se détache de son mari en vient parfois à éprouver de l'allergie envers lui, et le mari pourra s'époumoner en vain pour souffler sur les braises d'un amour disparu.

Quand un couple se sépare, on entend dire volontiers : il y a des torts des deux côtés, « à 50/50 ». J'avoue ne pas être de cet avis. Il est des cas de figure où manifestement ce n'est pas 50/50, mais 40/60, 20/80, 5/95 ! Et les chiffres les plus faibles ne sont pas forcément féminins.

Par conséquent, dans bien des cas, il est possible de transposer ce que je dis d'un sexe pour l'autre et réciproquement. Même si les hommes et les femmes fonctionnent différemment, il y a des similitudes de comportement qui ne permettent pas de les opposer radicalement, sauf à les enfermer dans des stéréotypes trop figés. Hommes et femmes sont bien capables des mêmes dévouements et des mêmes erreurs.

Un a priori d'accueil

Cela dit, il est inutile et même inopportun de vouloir chercher à tout prix dans les difficultés d'un couple qui a tort et qui a raison.

Le journal
NOTRE GRANDE ENQUÊTE
LES MARIS NE SONT PAS SI MAL !
BRUNOR

Il est plus raisonnable de repérer le fonctionnement de chacun, sans le juger, pour essayer de trouver une solution. Il ne s'agit pas de clouer l'un ou l'autre au pilori, mais de partir du principe que, dans leur différend, il n'y a pas forcément mauvaise volonté, méchanceté profonde, mais plus sûrement un malentendu, une incompréhension non voulue, une erreur d'interprétation.

Un mari disait à sa femme : « Si je te blesse un jour, dis-toi bien que je ne l'ai pas voulu, que c'est peut-être une maladresse de ma part, mais certainement pas une volonté délibérée de te faire souffrir ».

Et un couple faisait devant moi cette belle constatation : « Nous pouvons dire que jamais, en vingt ans de mariage, nous nous sommes fait volontairement de la peine ». Cet a priori d'accueil, ce refus de penser que l'autre avait une intention machiavélique, même quand il a pu nous blesser, sont des dispositions essentielles à la bonne entente du couple.

Le dialogue, dans ce cas, devient possible – on peut mettre les problèmes sur la table et en parler objectivement : « Quand tu as agi ainsi, c'est vrai, j'ai eu mal et je te le dis simplement, mais je n'en conclus pas que tu as été méchant ou que tu as voulu l'être. C'est peut-être moi qui suis trop sensible ou qui, marqué(e) par mon passé, ai mal compris ta pensée et amplifié tes propos ». Il est fort probable qu'une telle attitude d'écoute, de compréhension, détruira dans l'œuf les contentieux les plus dangereux. Mais ne nous faisons pas d'illusion : ce comportement n'est pas des plus courants !

Retrouver le merveilleux de chacun

Quoi qu'il en soit, cessons cette guerre des sexes entretenue par des penseurs machistes, misogynes, ou féministes ?

On peut sourire des remarques perfides que les hommes multiplient contre les femmes : « Quand Dieu s'est fait homme, le Diable s'est fait femme » (proverbe espagnol) ; « La bouche d'une femme ne prend jamais de vacances » (proverbe créole)... Surtout qu'il est possible de trouver des flèches identiques destinées cette fois aux hommes : « Tous les maris sont laids » (Montesquieu) ; « L'amour donne de l'esprit aux femmes et en retire aux maris ».

N'est-il pas préférable de retrouver le merveilleux de chacun ? Admiration retrouvée pour la femme : n'avons-nous pas tous été portés par une femme, et n'est-ce pas à une femme que nous devons le Christ ? Mais admiration aussi pour l'homme : n'est-ce pas à lui que nous devons tant d'inventions, tant de découvertes, tant d'œuvres artistiques ? Combien d'hommes surtout ont donné leur vie sur les champs de bataille de l'Histoire... à l'exemple du Crucifié du Calvaire, qui s'est appelé « le Fils de l'Homme » !

L'INTIMITÉ CONJUGALE

Un prêtre peut-il parler de sexualité ?

« Pourquoi, comme prêtre, parlez-vous de sexualité ? N'est-ce pas inconvenant ? »

Pourquoi n'aurais-je pas le droit d'aborder la question de la sexualité ? N'est-elle pas une dimension essentielle de la relation amoureuse, conjugale ? Ceux qui seraient choqués de voir un tel sujet abordé par un prêtre auraient-ils à ce point une conception déplaisante et vulgaire de la sexualité, qu'ils pensent que ce sujet souille une plume sacerdotale ? À moins qu'ils ne considèrent, plus simplement, qu'un prêtre est mal placé pour parler de ce qu'il ignore, en l'occurrence l'expérience personnelle ?

Vous me permettrez une comparaison : un gynécologue ne peut-il pas parler avec une certaine compétence des problèmes de l'accouchement, même s'il n'a jamais donné lui-même naissance à un enfant ? Les multiples confidences des couples, des échanges avec des médecins, des psychologues, des sexologues compétents, me donnent le droit, me semble-t-il, d'essayer une parole qui n'a pas la prétention de donner des recettes et des solutions, mais de permettre peut-être quelques réflexions utiles et libératrices.

Contrairement à ce que pourraient laisser penser bien des réflexions suscitées par son célibat, le prêtre ne saurait tenir en mésestime la sexualité des couples. Toute sa formation biblique l'invite à avoir un regard positif et admiratif sur une réalité voulue par Dieu. Et il ne peut qu'inviter les chrétiens à partager cette vision.

Une réalité merveilleuse, voulue par Dieu

En effet, aux yeux de l'Église, une première réflexion s'impose : la sexualité est une réalité merveilleuse et belle, et voulue expressément par Dieu. Non, dans la Bible, la sexualité n'est pas escamotée, camouflée, pudiquement dissimulée. Dès les premières pages, elle est citée à l'ordre de la Création : « Homme et femme, il les fit ». Conçue par Dieu, elle aura même l'honneur de l'enchanter : « Et il vit que cela était très bon ». Il regarde émerveillé le couple sorti de ses mains, comme nous regardons des jeunes mariés à la sortie de l'église. En créant la sexualité, le Créateur fait jaillir la variété : un être humain "sexué" – « sexualité » vient du latin « seccare », « séparer » – en masculin et féminin, « le même être en deux versions, le même tissu en deux coloris, la même chanson en deux mélodies ».

Belle sexualité, qui met dans la vie d'un homme la tendresse d'une mère, la compréhension d'une sœur, la passion d'une épouse, les câlins d'une petite fille. Belle sexualité qui permet à une femme de rencontrer la force tranquille, la simplicité rude d'un père, l'amoureuse sollicitude, l'admiration reconnaissante d'un mari, les jeux virils d'un fils…

Mais cette « séparation », cette différence devient appel, appel à être comblée : d'où cet élan formidable, cette « aimantation » qui invite l'homme à rencontrer la femme, pour reconstruire l'unité que la différence semblait exclure. Et voici que cette communion réalise magnifiquement non seulement la romance des cœurs, mais aussi la fête des corps.

L'acte conjugal, geste du don par excellence

Deuxième réflexion, qui complète la première : le corps est partie prenante dans la communion des personnes. En créant l'être humain spirituel mais aussi charnel, Dieu a voulu que l'union des cœurs et des esprits se traduise tout naturellement dans l'union des corps. Ne faisons pas à Dieu l'injure de penser que ce qu'il a fait est mal fait. Il y a un mépris du corps qui n'est pas chrétien. Comment des chrétiens qui professent la religion de l'Incarnation, c'est-à-dire la religion d'un Dieu qui s'est fait corps, ont-ils pu avoir un tel dédain platonicien du corps ?

Malgré ses lourdeurs, ses limites, ses résistances, le corps est le sommet de l'organisation matérielle de la Création, un moyen fabuleux de communion avec le cosmos et les autres humains. L'acte d'amour est alors le geste du don par excellence, où chacun donne à l'autre ce qu'il a de plus intime et de plus sacré : les sources de la vie.

Le plaisir attaché à l'expression de la sexualité est, lui aussi, voulu par Dieu

Troisième réflexion : le plaisir attaché à l'expression de la sexualité est, lui aussi, voulu par Dieu. Il est un « moteur » puissant pour contribuer à la réalisation d'une fonction essentielle de la sexualité : la survie de l'espèce. La Bible en parle sans ambiguïté : « Jouis de la femme de ta jeunesse [...] Enivre-toi de son amour » (Pr 5, 18) ; et Pie XII n'a pas craint d'écrire : « Les époux ne font pas de mal à prendre les jouissances attachées à leur état ».

Arrêtons, de grâce, de penser que l'Église est opposée au plaisir charnel. Mais ne lui demandons pas non plus de bénir toute forme de plaisir : elle ne peut approuver sans réserve qu'un plaisir de qualité, qui est plaisir de faire plaisir, plaisir réciproquement donné et reçu, plaisir légitime quand il est ordonné à l'épanouissement de l'amour du couple.

Signe efficace de l'amour de Dieu

Quatrième réflexion : comment l'Église pourrait-elle mépriser cette sexualité qui, dans la conjugalité, a été élevée par le Christ à la dignité de sacrement, c'est-à-dire signe efficace de l'amour de Dieu dans le monde ? Dira-t-on assez la joie de l'Église, qui, au mariage d'un couple, se souvient qu'elle aussi a été épousée par le Christ, sur le lit nuptial de la Croix...

Toutefois, il est évident que la sexualité voulue par Dieu n'est pas une sexualité de primates. Dans le deuxième chapitre de la Genèse, Dieu "dessine" le couple tel qu'il le désire : un couple hétérosexuel, fidèle et stable, profondément uni spirituellement et charnellement, un couple de deux êtres de même nature et égaux.

Dans un monde où le "zapping" extraconjugal et les déviances sont monnaie courante, les exigences de l'Église font qu'elle est parfois considérée comme rétrograde. Mais sa conception n'est-elle pas celle qui correspond le plus aux aspirations de ceux qui aiment vraiment, sans égoïsme, et avec le souci de ne pas faire souffrir ?

Voilà pourquoi je ne me suis jamais senti mal à l'aise à « parler sexualité ». Et cela depuis 1958, bien avant le grand vent de libération sexuelle des années 1968-1972. Comment oser ne pas parler d'amour, si l'on songe que l'Amour est le nom même de Dieu ?

QUAND LA SEXUALITÉ DEVIENT UN PROBLÈME DANS LE COUPLE

« La sexualité, c'est souvent un problème dans un couple. Pour ma part, je supporte mal que mon mari s'accommode de l'abstinence... »

Je pense avoir montré dans les pages précédentes qu'un prêtre qui avait sur la sexualité le regard positif de l'Écriture pouvait aborder le problème sans susciter étonnement ou sarcasmes. Je ne suis certes pas sexologue, et n'ai pas la prétention de répondre à des questions trop précises. Je me contenterai de réflexions de bon sens que m'ont suggérées l'écoute de couples en difficulté, ainsi que les écrits et les considérations d'un prêtre qui fut mon maître sur ces questions, le père d'Heilly.

Cette personne a raison de dire que la sexualité pose souvent problème – et un problème grave. Il n'est pas rare, en conseil conjugal, de rencontrer des couples qui, malgré leur jeunesse, avouent ne pas avoir de vie sexuelle depuis plusieurs mois, voire plusieurs années. Cela est d'autant plus regrettable, et dangereux, qu'aujourd'hui, peu de conjoints acceptent d'être frustrés en ce domaine.

Oser chercher une solution

Que dire par conséquent à tant de couples qui souffrent de ce genre de difficultés ?

– Tout d'abord, qu'ils osent chercher une solution, sans penser trop vite qu'il n'y a rien à faire. Il est dangereux pour le couple de refuser de faire tout son possible pour (re)trouver une entente sexuelle satisfaisante (sans tomber toutefois dans l'obsession de la réussite). L'homme en particulier qui a des difficultés à ce sujet a tendance à s'enfermer dans un mutisme irritant pour son épouse, à prétendre que c'est un problème mineur, un détail.

– Il est capital que les conjoints puissent parler ouvertement entre eux de leur sexualité. De leurs attentes, de leurs désirs, de leurs répugnances, de leur bonne volonté pour sortir de l'impasse. S'il est un domaine où le dialogue s'impose, c'est bien celui-là. Un dialogue qui ne cherche pas un coupable, mais étudie le fonctionnement du couple. Par exemple, en détectant le cercle vicieux classique : « Plus tu insistes, plus je me ferme, et plus je me ferme, plus tu insistes... »

– En cas de blocage chez l'un des conjoints, il s'emploiera à en chercher la cause. Les difficultés sexuelles ne sont souvent que le symptôme d'un problème relationnel présent ou passé : une éducation trop prude ne l'a-t-il pas amené à mépriser le charnel et à idéaliser le spirituel ? À identifier plaisir et péché ? Des interdits de l'Église mal compris, des révélations brutales de la dimension sexuelle dans l'amour, une peur de l'enfant, des mésententes dans le couple ou une absence de dialogue, une pression trop insistante de l'autre, un investissement excessif dans la vie professionnelle, etc., ne seraient-ils pas une explication à ce refus de la sexualité ?

Il est bon de chercher en soi la cause d'un blocage sans l'attribuer trop vite à l'autre, ou à l'Église, bouc émissaire commode parfois pour refuser d'aller voir en soi-même.

Porter sur l'acte conjugal un regard positif

Ensuite, il est essentiel que le couple porte sur la sexualité, et plus précisément sur l'acte conjugal, un regard positif. La sexualité conjugale est une réalité merveilleuse et belle, créée par Dieu. Le corps est merveille – Dieu ne s'est-il pas fait corps ? De plus, la sexualité est signe et sacrement des Noces éternelles.

Que l'acte d'amour soit donc considéré comme un acte digne d'admiration et de respect ! N'est-il pas le dialogue de deux cœurs et de deux esprits par la médiation de deux corps, le grand geste qui peut parfois donner la vie, mais chaque fois construire et développer l'amour ? N'est-il pas le grand moment où les époux réitèrent le « oui » de leur sacrement, et donc le lieu par excellence de la grâce du Seigneur ?

Qualité et vérité de la relation

La réussite sexuelle ne dépend pas de la connaissance que l'on peut avoir des techniques du Kama Sutra (la technique ne compte que pour 5 % dans la qualité de la relation), mais bien plus de la qualité et de la vérité de la relation :

– amour qui veut avant tout le bonheur de l'autre ;

– amour qui se dit, se manifeste tout au long de la journée, et non pas seulement dans le lit conjugal ;

– capacité à s'abandonner, à se donner pleinement, sans fausse pudeur ;

– maîtrise de la pulsion sexuelle, pour que l'homme en particulier sache s'ajuster au rythme différent du désir féminin ;

– attention à l'autre, à ses désirs, à sa fatigue aussi, à ses réticences passagères ;

– respect de l'autre dans l'intimité des corps, de sorte qu'il ne se sente jamais considéré comme un objet, mais comme une personne estimée et aimée.

Cela dit, il ne faut pas négliger les petits conseils qui peuvent être donnés dans les “manuels du parfait amoureux”, qui ne relèvent pas, eux non plus, que de la “technique”, mais tout autant de la délicatesse du cœur. Comme de prendre le temps de préparer l'union conjugale, de veiller à créer les conditions de calme, de sécurité, de poésie, voire de fantaisie, si appréciées de la femme. De profiter des moments privilégiés de détente, des vacances...

Enfin, il ne faut pas exclure l'hypothèse où un couple doive, sans hésiter, consulter une personne compétente et sérieuse. Un médecin ? Peut-être, pour s'assurer que le problème n'est pas physiologique. Un conseiller conjugal, un psychologue ? Probablement, car les causes sont le plus souvent d'ordre psychologique. Un sexologue ? Au besoin – il en existe de sérieux. Mais il ne faut jamais perdre de vue que l'amour reste le facteur essentiel. « Ce que la volupté a de délicieux, elle le reçoit de l'esprit et du cœur » (Vauvenargues).

MON MARI SE CONNECTE À DES SITES PORNOGRAPHIQUES SUR L'INTERNET

« Mon mari ferait-il soudain une crise d'adolescence ?
Y a-t-il en lui un vicieux, un pervers que j'ignorais ?
Comment peut-il trouver de l'intérêt à cela ?
Les hommes seraient-ils naturellement voyeurs ? »

L'Internet est un formidable moyen de communication, pour le meilleur comme pour le pire. Les sites pornographiques, comme les autres, sont très facilement accessibles. Par ailleurs, devant son écran, chacun peut être sollicité, au bureau comme chez soi, sans rien demander, par l'apparition automatique de fenêtres, de clips, ou de publicité, sans rapport avec le site visité. Un clic suffit alors pour les ouvrir... mais aussi pour les supprimer ! Tout cela, les publicitaires, les marchands, l'ont bien compris.

À la question posée, une première explication vient spontanément à l'esprit, qui peut parfois être valable : la vie sexuelle du couple ne satisfait pas le mari. Il rechercherait donc, via l'Internet, une compensation,

COUCOU!
C'EST MOI!
!
BRUNOR

ce type d'exutoire virtuel ayant même à ses yeux le "mérite" de le détourner d'aller chercher ailleurs.

Parler de recherche esthétique, en revanche, est plus difficile à soutenir. Si la représentation du nu féminin peut donner lieu à d'incontestables chefs-d'œuvre, les gros plans pornographiques peuvent difficilement passer pour de l'art.

Une pulsion voyeuriste

En fait, l'explication n'est-elle pas plutôt à chercher dans le fait qu'il y a chez tout être humain (y compris chez la femme) une difficulté à maîtriser l'instinct sexuel, avec sa composante voyeuriste, qui peut s'hypertrophier chez certains ? Les "commerçants du sexe" savent exploiter cette pulsion avec des productions "rentables" réclamant peu d'investissement de décors ou de costumes...

La pulsion voyeuriste existe déjà chez le tout petit enfant, amplifiée dans les familles où les parents semblent vouloir cacher à l'enfant ce domaine mystérieux de la sexualité. Et elle se réactive à l'adolescence, période difficile avec l'exacerbation du désir sexuel qui accompagne la puberté : connaître le différent est tellement fascinant !

À noter que les femmes semblent pouvoir maîtriser plus facilement cette pulsion : elles ne courent pas les films X, et elles sont, en général, plus bouleversées par le regard, la parole, la caresse de l'être aimé, que par la contemplation du nu.

Normalement, dans la vie sexuelle d'un couple sain, ce désir de voir est sublimé dans l'acte d'amour, et devient contemplation, émerveillement. Il y a un érotisme conjugal de bon aloi, une volupté chaste, que l'on retrouve dans le Cantique des Cantiques. Mais il est possible qu'il y ait des régressions momentanées vers des comportements adolescents. Et sans doute plus fréquentes et plus violentes chez les personnes dont la sexualité a été maladroitement refoulée par une éducation puritaine.

Ni dramatiser ce comportement, ni sous-estimer la culpabilité

Rien ne sert de dramatiser outre mesure ces comportements, qui, trop culpabilisés, peuvent devenir obsessionnels. Mais il ne faut pas non plus sous-estimer ni la culpabilité du mari, ni la blessure de l'épouse qui découvre cela. Elle peut se sentir trompée, salie. Une discussion franche, une écoute compréhensive, une sincère demande de pardon, peuvent permettre de retrouver la sérénité.

Si la consultation des sites pornographiques n'est qu'accidentelle, « en passant », l'homme peut s'en guérir, en prenant conscience qu'il s'agit d'un comportement touchant la dignité de la personne humaine – à commencer par la sienne –, réduite à sa dimension génitale. Et que par ailleurs, il n'est rien de plus monotone que la pornographie, seuls les fantasmes laissant croire qu'il y a tellement à voir.

Mais cette réflexion de bon sens peut ne pas suffire. L'usage de la pornographie peut être devenu une drogue. Une drogue qui a créé une dépendance. Une drogue dont on ne guérit pas seul, mais avec l'aide d'un entourage bienveillant, de la prière, de la force du sacrement de réconciliation. Et d'un thérapeute lorsque la dépendance paraît trop installée.

ELLE NE SE REMET PAS DE SON AVORTEMENT

« Il y a vingt ans, ma femme a avorté. Elle ne s'en est jamais remise. De plus, elle m'en veut de ne pas avoir empêché ce geste. Que faire ? »

Comme j'aimerais trouver les mots respectueux et justes, qui éclairent et apaisent, pour aborder ce délicat problème. L'avortement a beau être banalisé (40 % des femmes y auraient recours), dépénalisé, et remboursé, le sentiment de culpabilité reste souvent très fort. On a prétendu que cette culpabilité était la conséquence de la morale judéo-chrétienne. Les confidences reçues montrent qu'il s'agit d'un remords qui remonte du plus profond de l'être, et aussi bien chez des femmes croyantes qu'incroyantes.

Un remords qui ne s'évacue pas en le niant. Ce n'est pas avec des « Ce n'est pas si grave que ça », « Vous n'êtes pas la seule », « Ce n'était qu'un amas de cellules », qu'on redonne la paix à une femme. Les paroles qui se veulent excessivement rassurantes sont ressenties comme une pommade qui occulte la gravité de l'acte. À vouloir trop déculpabiliser, on ne fait qu'augmenter la culpabilité.

Regarder en face ce qu'elle a vécu

Mais je suis persuadé qu'une femme peut retrouver la sérénité si elle n'hésite pas à regarder en face ce qu'elle a vécu.

D'abord, il est important qu'elle admette qu'elle a peut-être sa part de responsabilité : à ne pas la reconnaître, elle risquerait de la refouler, et cette culpabilité intériorisée pourrait "se venger" en autopunition (frigidité), morosité, ou agressivité contre le conjoint.

Ensuite, il est essentiel qu'elle reconnaisse également que cette faute comportait peut-être des circonstances atténuantes : il est certain en effet qu'une femme ne voit pas le problème de la même façon avant et après l'avortement.

Avant, c'est souvent la panique, avec des pressions parfois très fortes de l'entourage, si bien que l'avortement a pu lui apparaître comme la seule solution possible. Elle a cru bien faire. Elle a pu même penser que c'était le bien de l'enfant.

Si tel est le cas, sa responsabilité est singulièrement diminuée. Et ce n'est souvent qu'après l'avortement qu'elle réalise la gravité du geste. Elle réalise qu'elle aurait pu quand même garder cet enfant, qu'il serait à ses côtés bien vivant. Et reproche alors à son conjoint ou au médecin de ne pas l'avoir protégée d'elle-même. « Si je t'ai emmenée voir un médecin pour une IVG, disait un mari, c'est parce que tu m'as supplié de le faire, me disant que tu ne pourrais pas assumer cette charge trop lourde ; et maintenant tu me le reproches, en disant que ce serait formidable d'avoir un petit ! »

Si une femme se sent coupable devant Dieu, qu'elle sache qu'il a ouvert ses bras pour accueillir son enfant, qu'il voit son regret, qu'il n'attend que son aveu pour lui donner son pardon. Même si sa culpabilité était totale (ce qui est rare), Dieu est capable d'un pardon total. Il oublie le péché, qu'il met, dit la Bible, « derrière son dos » (Is 38, 17 ; 43, 25). Le vrai péché serait de douter du pardon de Dieu ! Heureux donc les chrétiens qui se savent pécheurs, mais pécheurs pardonnés, relevés.

Faire un travail de deuil

Il reste que, malgré cette certitude du pardon divin, peut subsister longtemps encore une culpabilité viscérale, comme si le corps conservait le souvenir de la blessure subie, tandis que le cœur ressent le vide de l'enfant absent. Cette blessure peut mettre du temps à cicatriser. Il faut un véritable travail de deuil. Parfois, c'est la naissance d'un autre enfant, voire d'un petit-enfant, qui apportera soulagement et paix. C'est aussi le prénom qu'on donnera à cet enfant non accueilli, vivant devant Dieu sinon devant les hommes.

Puissent les femmes qui liront ces lignes et qui ont vécu un avortement s'empresser de déposer ce fardeau si lourd. C'est chose possible. Si elles consultent des personnes compétentes(1). Retrouver la paix du cœur, c'est ce que leur souhaitent ardemment ceux qui les aiment, et en premier ce Dieu qui n'a pas fait l'être humain pour le remords destructeur, mais pour le bonheur.

---

(1) Agapa, à Paris, au 01 40 45 06 36, en lien avec le diocèse de Paris. Sessions Stabat, à Cordes (Tarn), au 05 63 53 74 17, organisées par Mère de Miséricorde. La Source Ancta, à Bordeaux, au 05 57 59 18 19.

Quand l'éloignement sépare les conjoints

« Mon mari travaille à l'étranger. Il part parfois pour plusieurs mois. Comment vivre cette difficile séparation ? »

Il n'y a pas que les femmes de marins au long cours qui doivent accepter de longues séparations. De plus en plus, avec la mondialisation des échanges, des hommes (le plus souvent) doivent quitter leur famille pour aller travailler au loin. Ils n'ont pas forcément choisi cette situation, imposée par leurs entreprises, ou par les nécessités économiques.

Les cas de figure sont extrêmement variés. Partent-ils très loin ? Pour de longs mois ? Dans des pays à risques ? Pour un travail valorisant ? Et peuvent-ils revenir souvent ?

Ces longues séparations sont essentiellement une souffrance au niveau affectif. (Une souffrance qu'on doit cependant relativiser quand on songe à la souffrance du couple qui assume une maladie grave ou la perte d'un enfant.) La solitude du mari, qui mange au restaurant, un journal à la main, ou qui prépare son repas dans son appartement d'emprunt, est source de spleen, autant que de regret de toutes les attentions de l'épouse.

La solitude de la femme, malgré la présence des enfants, n'est pas moindre, car elle désire plus que l'homme une présence continuelle de l'être aimé à ses côtés. Elle ressent aussi cette solitude au niveau éducatif – devant assumer le rôle paternel, elle souffre du poids des responsabilités, et parfois se durcit pour faire face.

Une autre cause de souffrance est pour certains couples le manque de confiance. Il est facile de grossir à distance les occasions de tentations rencontrées par le conjoint. Comme s'il n'y avait pas autant de risques d'adultère dans son milieu de travail en France qu'à l'étranger ! « Si tu cherches ici ou là-bas, tu trouves, disait un mari, mais si tu ne cherches pas ici, tu ne cherches pas là-bas ! » Le mari qui a un brin de moralité sait de plus qu'une aventure passagère revient à faire de la personne de rencontre un objet jetable ! Du côté de l'épouse, en général, la tentation est minime si elle aime et se sait aimée.

Enfin, les conjoints séparés sont souvent envahis par la peur. Peur de l'épouse pour son mari quand elle le sait dans un pays troublé ou sous des cieux peu cléments. Peur du mari pour sa femme et ses enfants sachant qu'il n'est pas sur place pour les protéger.

La séparation révèle l'intensité de l'amour

Ces séparations ont quand même des aspects positifs. À commencer par les avantages financiers qu'offrent les primes d'éloignement, qui permettront des investissements utiles pour l'avenir.

La séparation révèle aussi et surtout l'intensité de l'amour. On apprécie encore plus ce dont on manque ! Ces séparations autorisent un échange épistolaire où l'on peut confier sur le papier des sentiments profonds qu'on n'exprimerait peut-être pas de vive voix.

Par ailleurs, l'éloignement permet souvent à chacun de développer sa personnalité. La femme montre combien elle est capable de prendre des initiatives et de faire face à des situations qui l'obligent à se dépasser. Le mari, lui aussi, a « là-bas » l'occasion de « faire ses preuves ». Il assume des responsabilités qu'on ne lui aurait peut-être pas confiées en France. Il s'enrichit des rencontres avec des cultures différentes. Si, en plus, il a une action caritative ou missionnaire, il devient la fierté de sa famille, qui suit de loin son action.

Enfin, la séparation comporte un versant agréable – le plus apprécié : les retrouvailles. À consommer sans modération !

Entretenir une communication constante

Pour gérer au mieux la séparation, il importe au départ d'en avoir bien étudié les raisons, et de se préparer – l'épouse, au « vide » des premiers jours ; le mari, aux inévitables déceptions qu'engendrera cette nouvelle situation.

Ensuite, il s'agit d'entretenir une communication constante. En premier lieu, dans la prière qui unit par-delà les distances, en se fixant par exemple un rendez-vous quotidien à une heure précise, pour être en réelle communion. Puis, grâce à ces merveilleux fax, Internet et téléphone portable, qui permettent de traverser la planète.

Mais s'ils ne servent à transmettre que de brefs « Tout va bien... embrasse les enfants », ils seront moins utiles qu'une belle lettre, illustrée par un poème d'amoureux ! Quand Jésus nous a quittés à l'Ascension, il nous a laissé sa « lettre d'amour », son Évangile, sans lequel nous serions dans un manque terrible.

Il est conseillé aussi d'emporter avec soi un objet symbolique de la présence de l'autre, ou de laisser chez soi un objet symbole de la sienne. Le symbole est un pont jeté par-dessus l'absence. Le plus courant est la photographie. Mais un peu d'imagination n'est pas interdite : « Emporte ce caillou, ramassé sur la plage d'Étretat, lors de notre voyage de noces. Quand tu le verras, tu te rappelleras combien je t'aime ! »

Il est des cas où l'épouse peut avoir la possibilité de rejoindre quelques jours son conjoint. Il est bon de ne pas trop calculer à la dépense. Certains rendez-vous n'ont pas de prix.

Enfin, dans la mesure où les époux apprennent à la fois à vivre seuls (et non "scotchés", comme le bébé à sa mère, car être adulte, c'est être capable de vivre la solitude), dans la mesure où ils rejoignent d'autre part des associations, des communautés ecclésiales (il y a des chrétiens sur tous les continents), ils peuvent vivre ce temps de séparation avec une certaine sérénité.

OSEZ PARTIR EN AMOUREUX

« Mon mari voudrait que nous partions pendant un week-end en amoureux, mais il ne se rend pas compte que c'est impossible : je ne peux pas laisser pendant deux jours nos quatre enfants encore petits ! »

Cette femme a beaucoup de chance que son mari lui fasse une telle proposition ! Et beaucoup de femmes, j'en suis sûr, comprendraient difficilement que l'on puisse refuser une telle occasion de quitter pendant deux jours les couches, les biberons, les purées et la vaisselle !

Sauf peut-être celles qui, comme cette interlocutrice, pensent que le devoir d'une mère est à ce point impérieux et prioritaire que tout le reste doit être sacrifié à cette auguste responsabilité.

Elle dit qu'il est impossible de laisser pendant deux jours ses quatre enfants. Je suis peut-être mal placé pour en parler, mais je n'en suis pas si sûr. Elle pourrait certes invoquer de bonnes raisons :

« Nos parents n'habitent pas dans la région, et nous ne voyons pas à qui nous pourrions demander une telle corvée – quatre enfants, ce n'est pas facile à caser ».

Toutefois, j'aimerais à mon tour poser cette question à toutes celles qui réagiraient comme cette mère de famille : refuseriez-vous de garder pendant deux jours deux enfants pour permettre à un foyer ami de prendre un peu de bon temps ? Certainement pas ! Or, voilà ce qui m'étonne : on est prêt à rendre service spontanément, généreusement, mais on n'ose pas demander le même service à d'autres qui le feraient eux aussi, n'en doutons pas, spontanément, généreusement ! Aurions-nous le monopole de la gentillesse et de la générosité ? Pourquoi ne pas faire aux autres la charité de nous faire la charité, et leur donner une occasion de se dévouer ?

Les grands bénéficiaires : les enfants !

Il y a plus : quels seront les grands bénéficiaires de ce voyage ? Mais précisément les enfants qui vont retrouver des parents plus détendus et surtout plus amoureux.

Le plus grand cadeau que des parents puissent faire à des enfants, c'est leur amour conjugal. Pour être une bonne mère, il faut d'abord être une bonne épouse. Et les enfants, surtout de nos jours, sont tellement plus rassurés quand ils grandissent dans un climat d'amour entre parents.

Si bien que ce week-end, il ne faut pas le prendre malgré les enfants, mais pour les enfants. Dites-leur simplement en partant que vous les laissez deux jours (ce n'est pas l'éternité !) pour apprendre à mieux vous aimer, et les plus grands vous diront : « Partez tout de suite ! »

?!
BRUNOR

Il reste que le mari qui sollicite un tel week-end se doit de montrer que lui aussi a le souci des enfants, qu'il ne part pas « pour son plaisir » dans une insouciance paternelle inadmissible.

Il cherchera donc les deux foyers amis nécessaires pour faire tomber les réticences de Madame, et trouvera les mots qui rassurent : « Avec mon portable, nous pourrons nous assurer que tout va bien pour les enfants ! »

Chercher la vraie raison d'une réticence

Mais on peut se demander si le problème est bien celui de la difficulté de caser les enfants. N'est-ce pas parfois un alibi (très fort) pour refuser ce qui n'enchante pas tellement ? Et dans ce cas, il importe de chercher en soi où se situent nos réticences à faire un voyage qui devrait pourtant nous enthousiasmer.

S'agit-il réellement d'une peur de traumatiser les enfants (et c'est vrai qu'il ne faut pas abandonner trop longtemps un enfant aux environs du huitième mois) ? Ne s'agit-il pas plutôt d'une fausse culpabilité : prendre du temps pour soi, oser penser à soi et à sa détente, pendant que les enfants n'en profiteraient pas ? Ou de la peur d'un tête-à-tête que l'on craint pour différentes raisons ?

Ainsi, Madame juge-t-elle inopportun un voyage dans une période où la famille a des problèmes financiers ? Craint-elle que Monsieur soit trop préoccupé de ses loisirs et par trop absent face aux difficultés quotidiennes ?

Les raisons conscientes ou inconscientes ne manquent pas. Il est bon de les débusquer. Car il est vraiment dommage que les couples ne perçoivent pas toujours l'intérêt de ces sorties d'amoureux.

Une fantaisie de choix

Tout couple a besoin de fantaisie. Et un voyage sans enfant est une fantaisie de choix. Il permet à la femme, surtout à la mère de famille, d'avoir pour une fois « les pieds sous la table » sans le souci de chercher le menu du jour, et au mari de s'arracher à ses dossiers et à ses soucis professionnels.

Il permet à un couple de se redécouvrir. Dans la routine du quotidien, l'autre risque de devenir un meuble, c'est-à-dire quelque chose de fort utile mais qu'on ne voit plus. Dans la Bible, mais dans une version apocryphe, il y a un passage étonnant : quand Abraham partit pour l'Égypte avec sa femme Sara, il s'aperçut que les autres hommes regardaient sa femme avec admiration. Alors, dit le texte, « Abraham regarda sa femme et il vit qu'elle était belle ». Il y avait donc longtemps qu'il ne l'avait pas regardée ! Transposons : dans un autre cadre, l'autre de nouveau est regardé, redécouvert.

Le voyage permet aussi à un couple de communiquer : quand il y a beaucoup d'enfants, ils occupent le terrain... et ils font tellement de bruit que les conjoints n'entendent pas le silence qui s'établit sournoisement entre eux. Le couple peut alors se redire dans une ambiance agréable les mots d'amour qui ne s'inventent pas dans le train-train de l'ordinaire. Il peut aussi faire le point sur le vécu de son amour : chacun peut exprimer ce qui lui pèse, et donc s'en libérer.

Dans le calme, enfin, le couple peut faire des choix importants.

Alors oui, Madame, vous avez le droit de penser à vous, et de vous arrêter. Dieu lui-même ne se reposa-t-il pas le septième jour ?

RAVIVER
LA FLAMME

Ce n'est pas ce dont j'avais rêvé

« Je me suis mariée pensant que je connaîtrais enfin le vrai bonheur. Je ne vais pas dire que je suis tombée de haut, mais quand même, j'ai été vraiment déçue... Ce n'est pas ce dont j'avais rêvé. »

« Je me suis mariée pensant que je connaîtrais le vrai bonheur. Ma solitude de jeune fille allait enfin se terminer. Avec mon mari, un jeune homme charmant et si délicat pendant nos fiançailles, j'étais convaincue de réaliser le plus merveilleux couple du monde. J'étais persuadée que nous partagerions tout : nos aspirations, nos pensées, nos projets, notre foi. Je ne vais pas dire que je suis tombée de haut, mais quand même, j'ai été vraiment déçue. Il importe de dire aux jeunes que le mariage n'est pas le paradis. Je n'y ai pas trouvé ce dont j'avais rêvé. »

J'ai tenu à citer cet extrait un peu long des propos d'une épouse car il dépeint assez bien une réaction fréquente de l'un ou l'autre conjoint après quelques mois ou quelques années de mariage. Mais je dois dire, pour être objectif, que parfois j'ai pu entendre des paroles plus réconfortantes : « Je me suis mariée croyant que c'était bien, mais c'est tellement mieux ! » ou : « Je me suis mariée les yeux fermés, et je ne le regrette pas... »

Le mariage parfait n'existe pas

Pourtant, il faut bien se rendre à l'évidence : le mariage parfait n'existe pas. Sans être d'accord avec le proverbe qui dit que « Tous les maris contents tiendraient sur les bords d'une assiette », ou que « L'alcôve tue lentement », il faut bien reconnaître que l'amour humain est toujours quelque peu décevant : il est une « promesse non tenue » (P. Claudel).

Le cœur humain ne dit jamais : « Assez ! » L'amour promet la fusion, mais les conjoints restent deux, avec le mur de leurs différences. Il promet le partage, le dialogue, mais il y a le poids du quotidien. Il promet la disponibilité totale de l'autre, mais l'autre est un être libre qui appartient d'abord à lui-même. Il promet la connaissance de l'être aimé, mais l'autre reste un mystère, dont l'intériorité appartient à Dieu. Il promet le bonheur : il y a la maladie, la chute du désir. Il dit « toujours », mais il y a, au-dessus du couple, l'épée de Damoclès de la mort. L'autre déçoit inévitablement quelque peu : « Il n'y a pas de bois sans nœud, il n'y a pas de femme sans défaut », dit un proverbe espagnol ; et il est possible d'ajouter : « Il n'y a pas de mari parfait, pas même celui de la voisine ».

Les raisons de cette insatisfaction sont multiples : le perfectionnisme qui met la barre très (trop) haut, le mythe de la complétude qui pense que l'autre va satisfaire tous nos besoins, le mythe de la fusion où le

!?
TU ES TOMBÉE DE HAUT ?
JE METTAIS LA BARRE TROP HAUT !
BRUNOR

couple rêve d'une union merveilleuse et sans conflit, comme le fut la relation à la mère dans la toute petite enfance, l'idéalisation des amoureux éblouis par la découverte de l'amour...

En fait, la part considérable de l'imaginaire dans les projets conjugaux explique les désillusions de la vie de couple. Même si le couple se dit réaliste et lucide, il a toujours la secrète espérance de réaliser un couple « pas comme les autres », uni envers et contre tout pour relever le défi de l'usure du temps.

Devenir adulte, c'est gérer l'imparfait

Pour gérer cette insatisfaction inévitable, il faut d'abord cesser de s'en étonner. L'imperfection fait partie de la condition humaine. C'est vrai en tout domaine et l'amour n'échappe pas à cette finitude de l'être humain. S'accepter limité, et accepter les limites de l'autre, c'est quitter les rêves de l'adolescence. Devenir adulte, c'est gérer l'imparfait. Comprendre que la vraie perfection, la vraie grandeur, consiste justement à vivre la grisaille du quotidien : le départ au travail, le frigo à remplir, la maison à ranger. « On construit un couple avec ses travers, ses manies, ses reniflements, l'envers et l'endroit du tissu, le joli et le vilain, le propre et le sale » (J. Marroncle).

Il importe ensuite de fuir certaines tentations, comme rêver d'un ailleurs où l'herbe serait plus verte, ou faire des comparaisons (« Ah ! si j'avais un mari comme le tien, je ferais de la catéchèse »), ou occulter tout le positif et le merveilleux de sa vie, ou même tout simplement se résigner.

Surtout, il est capital de donner un sens à cette imperfection pour en percevoir le positif et l'utilité. Elle peut devenir le moteur de la vie, en obligeant à avancer, à s'améliorer. Elle arrache à la monotonie : « S'il était parfait, je m'ennuierais ! », disait une épouse.

Acceptée, elle permet de rencontrer l'autre tel qu'il est, et non un irréel prince charmant, sachant que ce qu'il est « vaut pourtant le détour ».

Un cœur insatiable

Il reste que l'autre ne pourra jamais satisfaire ce tourment de l'absolu, ce tourment de Dieu qui est au fond de tous les cœurs : « Ce qu'aucune femme n'était capable de fournir, pourquoi me l'avoir demandé ? », demande l'héroïne du *Soulier de Satin* à celui qu'elle aime.

À trop demander à l'amour, on est inévitablement déçu. Il faut se résoudre à l'évidence : notre conjoint n'est pas le Christ et ne peut avoir la prétention de combler cette soif de l'Infini. Pourtant, l'amour humain avec ses vicissitudes, ses aléas et ses faiblesses, mais aussi avec son enchantement et ses richesses, est exactement ce qu'il faut à l'être humain pour buriner et façonner ce cœur insatiable parce que destiné un jour à la rencontre avec l'amour absolu.

DIEU VOULAIT-IL POUR MOI CE MARIAGE ?

« Mon mariage me déçoit, mon mari et moi nous n'avons pas la même spiritualité. Comment être certaine d'avoir fait la volonté de Dieu par mon mariage ? Et Dieu m'aidera-t-il toujours même si je me suis trompée ? »

Permettez-moi d'appeler scrupules ce qui est pourtant pour cette personne une angoisse sérieuse. Et j'aimerais lui dire clairement ceci : ces scrupules l'honorent (car désirer faire la volonté de Dieu, c'est prendre exactement le chemin de la sainteté), mais ce sont des scrupules non fondés !

Mais la question reste celle-ci : quelle était la volonté de Dieu sur cette personne ? Voulait-il pour elle le mariage ?

Ce qu'on peut affirmer avec certitude, c'est que la volonté de Dieu, saint Paul le dit aux Thessaloniciens, « c'est [notre] sanctification » (1 Th 4, 3). Et le mariage n'est pas, que je sache, un obstacle à la sanctification. N'est-il pas, au contraire, une occasion de grandir à deux, d'épauler le plus faible sur le chemin de Dieu, et parfois de lui faire mériter le Ciel par nos imperfections ?

Dieu ne nous impose certainement pas un parcours

Maintenant, Dieu avait-il une volonté plus précise sur son état de vie, ou bien alors désirait-il pour elle un autre conjoint ?

Je répondrai sans hésitation que Dieu n'a pas sur l'homme de projet arrêté, du moment que son choix ne lui interdit pas la possibilité de se sanctifier.

Dieu n'est-il pas un bon père de famille ? Or, un bon père de famille n'est pas celui qui a concocté pour chacun de ses enfants un projet tout cuit. Il serait mal venu qu'il dise à l'un : « Tu seras médecin comme moi », ou à l'autre : « Tu épouseras la personne que j'ai choisie pour toi ».

Certes, les parents ont le droit d'avoir des désirs pour leurs enfants. Il est même indispensable qu'ils en aient, pour que l'enfant soit convaincu qu'il est objet de sollicitude et guidé dans un réseau de possibles qui sont valables. Mais de tels désirs ne sauraient devenir des ordres, qui ne respecteraient plus la personnalité originale de l'enfant.

Ainsi, nous pouvons penser que Dieu fait pour nous des rêves, mais il ne nous impose certainement pas un parcours.

Dieu a créé l'homme libre, il joue donc le jeu de la liberté. Totalement. Au point que même dans l'hypothèse où notre interlocutrice aurait éprouvé un jour un appel très fort à la vie religieuse (quelle fille généreuse ne l'a pas éprouvé vers 15-17 ans ?) elle serait toujours restée libre d'y répondre.

Le jeune homme de l'Évangile est reparti triste, c'est vrai : il a « loupé le coche », et manqué l'occasion d'être l'un des grands saints qui sont aujourd'hui vénérés sur nos autels. Mais il n'a pas été damné pour autant ! On peut même espérer qu'il a eu le temps de se laisser transformer par cet inoubliable regard aimant du Christ sur lui.

« Le métier de Dieu, c'est de pardonner »

Dieu nous aime toujours. Surtout dans nos faiblesses. Même si l'on oppose un refus criant à ses appels, même s'il y avait eu faute caractérisée (ce qui n'est pas le cas ici !), il y aurait de la part du Père pardon et don de grâces nouvelles.

« Là où le péché abonde, la grâce surabonde », dit saint Paul. Et il vaut mieux écouter saint Paul que les propos de tel ou tel éducateur qui a pu nous dire : « Si tu n'écoutes pas la voix de Dieu, Dieu te laissera choir, et ta vie ne sera pas vraiment heureuse ». Pour peu qu'ensuite on rencontre des difficultés sur la route choisie (et sur toutes les routes du monde il y a des nids de poule !), on sera persuadé qu'on s'est trompé. Qu'ailleurs, l'herbe aurait été plus verte...

Si bien que la plus grande faute serait en fait de douter de l'amour de Dieu. Ce serait de se représenter Dieu comme un père fouettard gardant rancune à l'enfant qui n'exécute pas à la lettre ce qu'il a programmé pour lui. Ce serait d'oublier que « le métier de Dieu, c'est de pardonner ».

Mon mari est « ma vocation »

De plus, les rêves de Dieu sur nous se signalent aussi à travers les circonstances de la vie. Cette personne s'est-elle assez demandée si le rêve de Dieu à son sujet n'était pas précisément cet homme qui a croisé un jour sa route ? Certes, il ne correspondait peut-être pas à cet idéal de conjoint qu'elle attendait. Quelle femme n'a pas rêvé d'un mariage idyllique où la communion des cœurs s'exprimerait par des échanges merveilleux, notamment au plan spirituel ? Où l'on ferait « tout ensemble », depuis le petit-déjeuner jusqu'à la prière en commun ? Qui n'a jamais rêvé du conjoint parfait... qui n'existe pas !

Mais l'essentiel n'est pas là. L'essentiel est de pouvoir penser qu'avec ce conjoint, tel qu'il est et en dépit de mes propres imperfections, nous pouvons faire une route ascendante et belle, qui nous prépare aux Noces éternelles, les seules qui ne déçoivent pas. Le philosophe Alain disait en substance : l'important n'est pas d'avoir fait le bon choix, mais de faire que celui qu'on a fait devienne le bon.

Donc aujourd'hui, ce que Dieu lui demande, ce n'est pas de rêver d'une autre route, mais de bien réaliser que, depuis qu'elle a reçu le sacrement de mariage, son mari est désormais « sa vocation » : l'appel de Dieu dans sa vie à travers ses besoins raisonnables.

En aimant son mari, cette jeune femme fait ce que Dieu lui demande, et donc du même coup elle aime Dieu. Il n'y a qu'un seul amour !

Elle me dit que son amour grandit ? Eh bien, c'est merveilleux ! Qu'elle aime, et se laisse aimer. Elle en a pleinement le droit. Et son bonheur conjugal ne peut que réjouir le cœur de Dieu !

MON MARI SE DÉTACHE DE MOI

« Je sens parfaitement que mon mari se détache de moi, j'en souffre. Je me demande parfois s'il n'y a pas une autre femme dans sa vie. Que faire ?(2) »

Il n'est pas possible de répondre à cette question sans envisager plusieurs cas de figures pouvant expliquer ce détachement. Multiples en effet sont les causes d'une désaffection possible de l'un des conjoints. Je n'envisagerai, pour simplifier, que trois éventualités.

Un détachement stratégique

D'abord, il ne faut pas éliminer trop vite l'hypothèse que ce détachement n'est pas réel, mais « stratégique ». Ce détachement n'est peut-être que « dans la tête » du conjoint qui souffre de ne pas être suffisamment aimé(e). En effet, il existe parfois, chez certaines

(2) Question posée par une épouse, mais qui pourrait parfaitement l'être aussi par un mari et, dans ce cas, il serait facile de transposer.

personnes, une telle soif de tendresse (remontant souvent à l'enfance), qu'un conjoint ne peut parvenir à l'étancher, quoi qu'il fasse. Dans ce cas, le conjoint trop aimé prend de la distance, craignant l'étouffement. Il aime certes, mais se protège en même temps, donnant ainsi l'impression de se détacher. Un cercle vicieux s'installe alors : plus il est l'objet de sollicitation, plus il se dérobe – et plus il se dérobe, plus grandit chez l'autre un sentiment d'abandon.

Ce détachement stratégique peut se guérir si l'épouse diminue le volume du petit amplificateur qui accélère son besoin d'amour, si elle est attentive à tout ce que son mari fait pour elle au lieu de ne percevoir que le petit rien qu'il a oublié (par exemple son anniversaire !), et surtout si elle cesse de le harceler d'une demande qui ne fait que le replier dans sa coquille. Il est toujours possible, dès qu'on en a pris conscience, de chercher à sortir d'un cercle vicieux. Dans l'hypothèse présente, il suffit souvent à un mari d'augmenter sensiblement les attentions pour voir diminuer la demande exagérée.

La routine est passée par là

Deuxième cas de figure possible, c'est le détachement apparent né de l'habitude. L'amour existe, mais a perdu sa visibilité, le mari ne voit pas la nécessité d'exprimer cet amour. Madame insiste ? Il répond : « Mais tu le sais bien que je t'aime... » La routine est passée par là, et Madame ne voit plus dans le regard du mari ces yeux de Rodrigue des premiers jours. Elle se ressent comme une épouse « érémiste de la tendresse », victime d'un conjoint frigidaire.

Parfois, elle oublie qu'elle a pu elle-même contribuer à cet affaissement de l'élan. Peut-être dans le passé, plus mère qu'épouse, n'a-t-elle pas répondu à des attentions empressées de son mari. Si bien qu'il a pu se fatiguer d'exprimer un amour dont il ne sentait pas alors la réciprocité. Ainsi, avec le temps, les rôles se sont inversés : le détachement a changé de camp, car trop souvent « on n'aime jamais que ce qu'on perd ou que l'on craint de perdre ».

Pour sortir de cette torpeur, il semble qu'il faille un véritable électrochoc. C'est là qu'une retraite, un week-end de couples, peuvent aider à de nécessaires prises de conscience, et relancer la communication défaillante. Puisque amour il y a, il est possible, au nom même de cet amour, de demander à un conjoint de faire cet effort – prélude à une nouvelle lune de miel ? même s'il le fait en traînant les pieds...

Face à une indifférence réelle

Troisième éventualité : il y a détachement réel. Et Madame, qui a des antennes, sent que son conjoint n'a plus d'élan, qu'il n'y a plus dans ses yeux cette petite étincelle de l'amour admiratif, que la tendresse et le désir physique ne sont plus au rendez-vous... Indifférence qui la tue littéralement.

Certes, le mari peut avoir cessé d'aimer sans pour autant être amoureux d'une autre femme : des préoccupations professionnelles, des loisirs passionnants, des problèmes de santé, une soudaine aspiration mystique – à tort – désincarnée, ont pu faire passer l'amour au second plan, voire à la trappe. Néanmoins, il faut bien envisager parfois l'hypothèse d'une liaison, même platonique. « Je me demande s'il n'y a pas une autre femme dans sa vie. » Cette question est plus légitime encore si l'on n'a pas un tempérament particulièrement jaloux. Surtout si le mari essaie d'expliquer son détachement par l'alibi de la dépression, ou d'un besoin de « faire le point, de savoir où il en est »... ou même de « louer un studio pour se retrouver seul (?) et prendre du recul » !

Que faire dans ce cas ? L'inviter peut-être à jouer le jeu de la loyauté : « Le doute, sais-tu, c'est pire que la vérité. Si tu es attiré par une autre femme, tu peux me le dire, j'essaierai de te comprendre, sans te jeter la pierre ». Mais il n'est possible de tenir de tels propos que si l'on peut, à son tour, supporter le choc, et la blessure narcissique consécutive à une révélation qu'il serait difficile de considérer autrement que comme une trahison. Ce qui est plus facile à dire qu'à faire... Pour cette raison, il est bon de se faire aider par une personne compétente pour trouver ensuite l'attitude juste qui évite l'écueil des reproches agressifs, des plaintes et des discours moralisateurs – ou l'écueil inverse d'un étouffement affectif, d'élans hyperchaleureux, de gentillesses excessives dans un but trop évident de récupération. Seule une attitude digne et patiente, sans agressivité ni harcèlement affectif, dans un certain respect de la lutte intérieure qui se vit souvent dans le cœur de l'autre, a des chances de susciter une admiration qui peut souffler sur les braises d'un amour moribond.

Il est évident que, quand elle est acceptée, une retraite spirituelle pourrait se révéler la planche de salut. En dessillant des yeux qui ne perçoivent plus les enjeux si importants d'une rupture pour toute une famille... En permettant également de retrouver, avec l'aide de la grâce du Seigneur, le sens que l'on entendait jusque-là donner à sa vie.

Il reste qu'un couple devrait avoir le souci de ne jamais laisser son amour sombrer dans la routine. Et réagir dès qu'il perçoit que l'amour est tant soit peu en perte de vitesse, avant qu'il ne soit trop tard.

Les moyens ne manquent pas aujourd'hui pour que les couples cultivent constamment la plante merveilleuse, mais frêle, de leur amour.

JE N'AIME PLUS MON MARI

« C'est simple : je n'aime plus mon mari. Je me sens coupable, [...] mais c'est ainsi, je n'y peux rien. L'amour pourrait-il renaître ? »

Y a-t-il plus grande souffrance dans un couple que celle de réaliser que l'un des conjoints a cessé d'aimer ? Souffrance horrible pour celui qui essaie vainement de réveiller un amour éteint. Souffrance pour celui qui n'aime plus, souvent le premier à souffrir de son indifférence, et de son impuissance à retrouver un sentiment évanoui.

Repérer les causes

Peut-être est-il opportun, dans un premier temps, d'inventorier les causes possibles de cette désaffection. Elles sont multiples et s'additionnent souvent. L'absence d'amour le jour du mariage : on a fait un mariage de raison, espérant que l'amour viendrait en cours de route. En vain ! La perte d'admiration pour le conjoint : explicable, bien sûr, s'il a

C'EST VRAI QUE
VU D'ICI...
C'EST DIFFÉRENT !
ATTENTION
TU T'ENLISES !
DU MOMENT
QUE CE N'EST PAS
DANS LA ROUTINE ET L'ENNUI...
BRUNOR

eu un comportement répréhensible particulièrement grave ; mais présente également dans un couple une fois terminée la phase d'idéalisation de l'amour débutant. On avait tellement rêvé ! Tellement projeté sur l'aimé toutes les qualités qu'on attendait de l'époux parfait qu'une certaine désillusion devenait inévitable. Or, il est difficile d'aimer à nouveau quelqu'un au sujet duquel il n'est plus possible de fantasmer !

Autres causes :

– l'enlisement dans la routine, dans l'ennui mortel, en sorte que, dans la grisaille du quotidien, le conjoint a perdu de son aura, de son charme, de son attrait.

– L'investissement affectif trop fort vers un tiers : vers l'enfant, par exemple, qui peut très bien drainer vers lui toute la tendresse d'une mère ; ou vers un ami d'aujourd'hui ou d'un passé lointain, auquel on peut être attaché inconsciemment, platoniquement... mais profondément.

– L'attente du conjoint parfait, de cette personne merveilleuse et idéale qui, un jour, ne manquera pas de traverser notre route.

– La chute du désir sexuel (pour des raisons multiples), qui peut laisser croire que l'amour a disparu puisque l'élan n'est plus au rendez-vous. Etc.

Se placer dans les conditions où l'amour pourrait jaillir

Même si la cause repérée de la désaffection peut éclairer le problème, il reste qu'elle ne peut éluder la question difficile s'il en est : un amour peut-il naître de rien ou renaître de ses cendres ? Question qui peut paraître sans réponse si l'on songe que l'amour ne jaillit par sur commande, que n'existe aucun philtre pour le faire apparaître, qu'existe en tout amour une part d'irrationnel, de mystérieux, de "bohème", qui refuse d'obéir aux injonctions des raisons les meilleures du monde.

Dès lors, puisque l'amour ne s'impose pas (et Dieu lui-même ne l'a pas imposé à l'homme, c'est bien là toute la dramatique humaine !), la seule voie possible reste peut-être de se placer dans les conditions où l'amour pourrait jaillir.

Et la première condition est de cesser de rêver. Tant que subsiste dans l'inconscient l'espérance de trouver un jour sur sa route le prince charmant (connu ou espéré), le besoin d'aimer qui est en tout cœur ne peut se transférer sur le mari... Il y a une purification de ses fantasmes indispensable à faire pour rester disponible au jaillissement de l'amour pour le conjoint.

Imaginez deux naufragés qui se retrouvent seuls pendant vingt ans sur une île déserte : il est probable qu'ils s'attacheront l'un à l'autre, faute de choix ! Comme quoi, dans certaines circonstances, on peut aimer n'importe qui... donc son conjoint !

La deuxième condition est de ne pas se sentir "forcés" à aimer. L'amour ne jaillit que dans la liberté. Plus le mal-aimé fera pression pour susciter l'amour, et plus l'amour se fera attendre.

La volonté d'aimer

La troisième condition ? Une meilleure analyse de ce qu'est véritablement l'amour. L'amour n'est pas seulement attrait, élan, mais aussi volonté d'aimer. Il ne faut pas confondre l'amour-adolescent, qui fait prédominer les sentiments, et l'amour-adulte, qui fait prédominer les actes.

À quel moment le conjoint est-il le plus amoureux ? Quand il éprouve un élan spontané (et intéressé) vers l'autre ? Ou lorsqu'il fait l'effort de parler pour répondre à sa demande alors que lui-même n'en ressent pas le besoin ?

Certes, le sentiment est essentiel, mais, justement, il peut s'engouffrer dans la brèche d'une belle générosité. Un « vouloir aimer », généreux et spontané, peut acheminer le couple vers une tendresse maîtrisée, puis plus tard – pourquoi pas ? – vers un amour retrouvé, et sûrement plus mûr, plus vrai.

Enfin, quatrième condition, l'amour – surtout chez la femme – ayant besoin d'admiration, la communication retrouvée peut permettre la redécouverte des trésors enfouis au cœur de l'autre. Une vraie communication, qui n'est pas palabres pour meubler, mais expression de son ressenti et du meilleur qui est au fond de soi, est révélatrice du merveilleux de la personne.

Tout homme (donc son mari !) est un infini. Une vie ne suffit pas à en faire le tour, il y faudra l'Éternité ! Comme il serait bon que chaque conjoint soit persuadé qu'il vit à côté d'un trésor (hélas, enfermé souvent derrière une carapace de pudeur), un trésor à découvrir par le "sésame" de la communication.

Mais alors, quelle surprise lorsque, dans l'Éternité, chacun(e) découvrira à la fois son conjoint transfiguré, enfin débarrassé de ses oripeaux terrestres et de sa carapace, et l'Époux parfait, le Christ, le seul Prince qui peut avoir la prétention de combler les insatisfactions d'un cœur humain !

Ma femme ne m'aime plus

« J'ai l'impression que ma femme s'éloigne de moi, qu'elle ne m'aime plus. Que puis-je faire ? »

Dans les pages précédentes, j'ai essayé de répondre à une femme qui, très loyale avec elle-même, se voyait obligée de constater qu'elle n'aimait plus son mari...

Mais il est vrai que, faute de pouvoir tout dire en quelques lignes, je n'ai pas suffisamment évoqué l'attitude possible du mari qui se trouve confronté à ce problème.

Une épouse me disait un jour : « À nous les femmes, vous donnez des conseils que je reconnais parfois judicieux, mais, dans certains cas, n'oublions pas qu'on est deux, et que l'autre, lui aussi, doit se remettre en question... »

Je vais donc essayer d'envisager cette fois le cas du mari qui souffre de l'indifférence croissante de sa femme et qui se demande ce qu'il peut faire en pareil cas.

Le mari oscille souvent entre deux attitudes

Il est important de commencer par pointer ce qu'il ne doit pas faire. Quiconque se trouve dans cette situation de mal-aimé fait souvent le contraire de ce qu'il faudrait.

En général, désirant récupérer cette affection perdue, le mari va souvent osciller entre deux attitudes.

– Il va pouvoir se conduire comme un amoureux fou qui s'ingénie à plaire à celle qu'il aime, et qu'il aime comme jamais parce que c'est un fait : « On n'aime que ce qu'on perd », « On n'estime trop souvent que ce qu'on a perdu ». Il va dès lors multiplier les gentillesses, combler sa femme de cadeaux, et, somme toute, la mettre en état de « surchauffe affective ».

– Ou bien alors, emporté par cette immense souffrance de ne voir dans les yeux de l'autre qu'indifférence, il va devenir agressif, crier bien haut des choses qu'en fait il ne pense pas (« Après tout, je n'ai rien à faire de toi ; il y en a d'autres sur Terre qui n'attendent qu'un mot de moi... »), aller parfois jusqu'à la violence physique.

En fait, il va alterner les méthodes : tantôt câlin, tantôt menaçant ; tantôt n'hésitant pas à ramper et à supplier, tantôt utilisant le chantage (« Si je dois disparaître pour que tu comprennes, je le ferai »). Mais s'il lui arrive de jouer l'indifférent, il ne peut « tenir » bien longtemps dans ce rôle « à contresens ». De toute façon, ces variations de comportements sont parfaitement ressenties par son épouse comme des stratégies destinées à la forcer à l'aimer. Et s'avèrent donc à l'avance vouées à l'échec.

On peut remarquer en passant que les auteurs sacrés de l'Ancien Testament projettent assez bien sur Dieu cette psychologie du mal-aimé.

À ce peuple d'Israël qu'il a choisi, Dieu se plaint amèrement d'être délaissé. Tantôt, il fait appel aux beaux souvenirs du passé : « Rappelle-toi [...] je t'avais planté comme une vigne de choix » (Jr 2, 21). Tantôt, Il se fâche, et menace : « Je dévoilerai ton infamie [...] je ferai cesser tes réjouissances [...] je te châtierai » (Os 2, 12-15). Tantôt, Il se fait suppliant, puis miséricordieux : « Comment t'abandonnerais-je ? Mon cœur en moi est bouleversé [...] Je ne donnerai pas cours à l'ardeur de ma colère... » (Os 11, 8-9).

Cessant de vouloir séduire à tout prix, le mari se reconstruira d'abord pour lui-même

Mais alors, si les stratégies que nous venons d'évoquer sont vouées à l'échec, que faire ?

Il est possible tout d'abord d'essayer de rechercher la cause de cette désaffection. Évidemment, s'il y a une autre personne dans la vie de l'épouse, l'explication est vite trouvée.

Cependant, même dans ce cas, on peut se demander comment a pu naître cette fascination extraconjugale. Lui a-t-on manqué d'attention ? Ne l'a-t-on pas déçue ? Ne s'est-on pas laissé enliser dans la médiocrité de la routine, accaparer par le travail, les responsabilités ?

En général, cette prise de conscience provoque une forte culpabilité, et le mari mal-aimé est prêt à changer totalement de comportement pour séduire de nouveau. Mais souvent tombe alors cette parole terrible de la bouche de son épouse : « C'est trop tard. De toute façon, tu ne changeras pas vraiment, ton naturel reviendra au galop... »

Doit-il pour autant se décourager ? Certainement pas. Cessant de se culpabiliser inutilement, cessant surtout de vouloir forcer la porte du cœur de son épouse, le mari fera tout pour devenir un autre homme, ou plus exactement, pour devenir pleinement lui-même.

Pour l'aimer de nouveau, son épouse a besoin de l'admirer – sentiment qu'elle ne saurait éprouver s'il est un mendiant perpétuel : les mendiants suscitent davantage la pitié que l'admiration !

Tout être humain possède des potentialités, des qualités non exploitées. Un travail sur soi peut faire advenir au jour ces richesses. Cessant de vouloir séduire à tout prix, le mari se reconstruira d'abord pour lui-même. Dans la mesure où sa souffrance – qui est grande – sera digne, sans ostentation, et totalement respectueuse de la liberté de l'autre, dans la mesure où il retrouvera et développera en lui des potentialités qu'il ne connaissait pas – dans la mesure aussi où il prendra conscience qu'aux yeux de Dieu il a une valeur infinie –, il acquerra sa pleine stature.

Ainsi revalorisé à ses propres yeux, le mari pourra redevenir digne d'admiration, digne d'être aimé. On peut alors espérer que son épouse saura le redécouvrir, n'oubliant pas la chance qu'elle a d'être aimée.

Quand la passion semble la plus forte

« Je suis follement éprise d'un ami de mon mari... Qu'y puis-je ? Je suis prête à tout quitter pour vivre avec lui. »

Nous connaissons tous des couples qui se séparent parce qu'une passion soudaine s'est emparée de l'un des conjoints, alors que nous les considérions comme un exemple de solidité.

Des êtres moralement forts peuvent en effet être emportés par une passion inattendue et aussi violente qu'un vent de tempête.

Que devraient-ils faire ? Se laisser emporter, au risque de faire terriblement souffrir un conjoint et des enfants ? Résister, avec le sentiment que l'on sacrifie son bonheur en restant aux côtés d'une personne que l'on n'aime plus, ou moins qu'une autre ?

Comment fonctionne la pulsion amoureuse

Pour éclairer ce problème difficile, peut-être faut-il essayer de mieux comprendre le fonctionnement de la pulsion amoureuse. Le premier amour de l'être humain est celui de sa mère. Il l'a aimée d'un amour fusionnel et idéalisant. Si bien que le premier "circuit imprimé" d'amour est cet amour exclusif, merveilleux, total.

Or, l'être humain est arraché à celui-ci : il doit partager sa mère avec ses frères et sœurs et surtout avec ce père qui la lui prend chaque soir, et de toute façon, il s'aperçoit un jour qu'elle n'est pas parfaite.

Déception ? Certainement, mais très utile car à la racine de l'amour de demain : « Un jour, pensera l'enfant, j'aurai moi aussi quelqu'un qui sera tout pour moi, qui sera aussi merveilleux(se) qu'était Maman ».

Autrement dit, dans son cœur s'est mis en place un besoin très fort d'aimer et d'être aimé, un besoin qui est en attente. Pour prendre une comparaison, s'est formé en lui un missile contenant une force prodigieuse d'aimer, un missile qui a une tête chercheuse pour viser la cible qu'il va choisir. Il suffira que vers 16-18 ans il soit soudain ému par une rencontre pour que le missile se dirige aussitôt vers la personne entrevue, dans l'espoir de vivre avec elle cet amour exclusif et comblant qu'il a connu enfant.

Mais cet amour si exigeant en définitive est souvent déçu... comme le fut le premier amour. Le missile alors change de direction, choisit une autre cible, dont il attend le bonheur parfait : il donne à la personne de ce nouveau choix toutes les qualités, qu'elle n'a pas forcément.

Du domaine du rêve

L'amour ainsi vécu est un transfert, et il est bon d'en prendre conscience, ne fût-ce que pour se demander si cette nouvelle passion est vraiment raisonnable, ou ne fait pas plutôt partie d'un rêve fou, d'un

MAIS !!?
C'EST JUSTE
MON AMI GIOVANNI !!
COURAGE !
FUYONS !
BRUNOR

espoir démesuré : le rêve d'accéder au bonheur parfait avec un(e) partenaire dont on ne saurait douter de la perfection.

En face de toute passion nouvelle, il est donc bon de se demander si l'on n'est pas entré dans le domaine du rêve. N'a-t-on pas transféré un peu vite sur un tiers l'amour qui jusque-là s'était investi vers le conjoint et qui a été déçu ?

Mais alors, est-il possible de "retransférer" vers le conjoint ? Il faut reconnaître que le cœur, ayant ses raisons que la raison ne connaît pas, ne domine pas facilement cette pulsion nouvelle : le "missile" a du mal à revenir vers le conjoint pour la raison toute simple qu'il ne peut pas rêver en l'idéalisant – il connaît ses limites, et ne peut pas fantasmer.

Pourtant, ce retour vers le conjoint n'est pas impossible, à certaines conditions.

Réagir au plus tôt

Quand cette passion jaillit dans un cœur, il ne sert à rien de dramatiser trop vite, ni de se culpabiliser d'éprouver un sentiment que la morale semble réprouver. Un sentiment n'est ni bien ni mal – il est. Il s'agit de savoir ce qu'on en fait.

Dans la mesure où on ne l'entretient pas et où aucun geste n'est posé, il n'y a aucune faute. Il est même sain de le constater en soi avec un certain humour. S'il n'est pas pris au sérieux, il s'atténuera très vite, mais peut au contraire devenir obsessionnel si on lui donne trop d'importance.

Tout être humain peut éprouver un jour ou l'autre une attirance vers une personne étrangère, ce n'est pas dramatique... sourions de nous-mêmes et tournons la page !

Il importe également de réagir au plus tôt, le moindre geste vers l'autre enclenchant un processus qu'il sera de plus en plus difficile à maîtriser. Cette réaction énergique au départ (la fuite est parfois la forme la plus élevée du courage !) sera facilitée par une réflexion sur les enjeux d'une liaison naissante et sur ses conséquences. En se méfiant de la tentation (adolescente ?) de penser qu'on est capable de flirter avec le risque sans danger.

Si la passion est particulièrement puissante parce que des gestes ont déjà été posés, il faut savoir si l'on veut oui ou non essayer de sortir de l'impasse. Certains, hélas, ne prennent pas les moyens de dépasser leur passion. Mais qu'au moins alors ils aient la délicatesse de ne pas culpabiliser leur conjoint, en reconnaissant que la cause de leur départ est leur propre faiblesse.

Si l'on veut loyalement dominer cette pulsion, il faut cesser d'espérer : on ne peut guérir d'un amour impossible tant qu'on espère – consciemment ou non – qu'il pourra se réaliser. Or, les demi-mesures dans une rupture sont fréquentes (coups de téléphone, rencontres même très courtes...), et interdisent la cicatrisation de la blessure d'amour.

L'amour peut-il revenir ?

L'amour pour le conjoint peut-il revenir ? Certainement, si la rupture est totale, mais après plusieurs mois de guérison, en misant d'abord sur la volonté d'aimer. Reviendront ensuite la tendresse puis l'admiration.

Il va sans dire qu'il peut être utile pour le couple de se faire aider par une personne compétente, et dans la prière, par la grâce du Seigneur. Se faire aider notamment pour étudier ce qui peut expliquer la déception, qui est peut-être au départ de l'attrait pour une autre personne chez l'un des conjoints.

Un couple qui dépasse ce problème peut repartir plus uni et plus fort. « Quand dans notre vie survient un être ou un événement, on en meurt, ou on en ressuscite », disait Renoir. Pourquoi ne pas ressusciter ?

Ce qu'il y a de pire dans un couple, c'est l'indifférence

« Mon mari ne fait plus attention à moi... J'ai l'impression d'être devenue un meuble pour lui ! »

Cette constatation exprime une souffrance particulièrement lourde à porter : l'indifférence dans une vie de couple. Même si ce dernier est bien le lieu où l'on devrait, en principe, le moins la rencontrer. Lorsqu'il n'y a plus dans les yeux de l'aimé la petite étincelle de l'amour, de l'admiration, lorsque son regard devient tout à coup vide, absent, terne, inattentif à votre personne, vous avez alors l'impression que vous ne comptez plus, que vous êtes "néantisée"... et pour tout dire, que vous n'êtes plus aimée. L'indifférence est insupportable : le petit enfant déjà lui préfère de beaucoup une bonne fessée. Quant à l'adolescent qui n'existe pas dans le regard de ses parents ou de ses éducateurs, il n'hésite pas à se faire remarquer par des actes délictueux : brûlant par exemple une voiture pour exister aux yeux de ses "potes" ou à la télé, quand est filmé (hélas !) le résultat de son forfait.

L'indifférence apparente

Peut-être est-il bon de souligner que dans un couple, il y a deux formes bien distinctes d'indifférence.

Il y a, tout d'abord, l'indifférence apparente, ce cas de figure assez fréquent où l'amour existe mais n'est plus visible, ne s'extériorise plus. Par pudeur ? Par paresse ? Par manque de temps ou à cause de la prédominance de préoccupations externes ? Par routine ? Par inattention à l'autre devenu « un meuble » (quelque chose qu'on utilise mais qu'on ne voit plus !) ?

Le cas le plus fréquent est le cas où l'indifférent est celui qui ne voit pas la nécessité de faire étalage de ses sentiments, de les laisser transparaître : « Tu sais très bien que je t'aime. Je te ramène ma paie. Je ne découche pas, que je sache... J'aime tes enfants, dirait un mari de ce type. Je ne vais pas te regarder avec les yeux enamourés et mièvres des fiancés. On n'est quand même plus des tourtereaux transis ! »

Quant à l'épouse indifférente, elle fera souvent l'étonnée : « Comment peux-tu me reprocher de ne plus t'aimer ? Regarde comme je m'occupe des enfants. Je te prépare ce que tu aimes. Je ne peux pas être Marthe et Marie à la fois ! »

Ce type d'indifférence n'est pas insurmontable, puisqu'il y a encore de l'amour. Elle cesse souvent d'ailleurs dans les moments d'intimité, avec le risque que ces moments deviennent vite "imbuvables" pour l'épouse en particulier, qui ne découvre l'existence de cette attention amoureuse qu'à cette occasion !

C'est en fait la prise de conscience de la souffrance (immense) causée par cette indifférence qui peut jouer le rôle d'électrochoc, ainsi que parfois la peur soudaine de voir l'aimé(e) se détacher et chercher ailleurs le regard illuminé de l'amour. Il est possible qu'une session pour couples ou une retraite fervente dessille les yeux de l'indifférent et libère enfin l'expression de ses sentiments.

Si l'indifférence est réelle

Mais il existe un deuxième type d'indifférence : l'indifférence réelle, qui procède d'un vrai détachement à l'égard du conjoint. Progressivement, imperceptiblement, l'amour non entretenu s'est évaporé, quittant le cœur du mari, ou de l'épouse, ou des deux.

Quand cette indifférence affecte les deux conjoints, le couple tend à s'installer dans un modus vivendi souvent très pacifique, pour vivre cahin-caha la relation estimée la moins incommode pour le bien des enfants, ou la gestion des problèmes matériels.

En revanche, quand l'indifférence n'affecte que l'un des membres du couple, l'autre ne peut que souffrir terriblement, surtout s'il sait en plus qu'un tiers occupe les pensées de son conjoint. Il va se vivre comme l'abandonné, le laissé-pour-compte de l'amour, et va tout faire pour récupérer cette affection perdue, passant de la gentillesse exquise aux reproches véhéments, de la supplication au chantage ou à la bouderie.

On peut se demander pourquoi l'indifférent, dans ce cas, reste au domicile conjugal. Par nécessité (où aller) ? Par exigence morale (c'est mon devoir) ? Pour le bien des enfants ? Ou tout simplement parce qu'il y trouve son compte : l'amour n'est plus son objectif de vie. Il y a désaffection non seulement du conjoint, mais de l'amour tout court (« L'amour, c'est bon quand on est jeune ! »), avec une chute du désir, remplacé parfois par d'autres passions. Une chute du désir acceptée, dans une vie qui se veut paisible et débarrassée de tout problème.

Une puissante motivation est nécessaire

Il va sans dire que s'arracher à une indifférence réelle demande un gros effort, une vraie conversion. L'électrochoc de la prise de conscience de la souffrance du mal-aimé s'impose plus que jamais.

Au-delà, une puissante motivation est nécessaire pour que ressuscite l'amour : la redécouverte du conjoint par une reprise de la communication, le désir de retrouver des moments merveilleux grâce à un amour renouvelé, la conviction que l'amour peut jaillir de nouveau pour le plus grand bonheur de tous, et par-dessus tout, la volonté d'aimer.

Mais aussi, pourquoi pas, une puissante motivation spirituelle : un ardent désir d'imiter l'amour fou de Dieu, qui considère que toute personne a « du prix à ses yeux », qu'un être humain est un infini dont on n'a jamais terminé de découvrir la richesse... puisqu'il y faudra l'Éternité !

ET DEMAIN ?

À L'AUTOMNE DE LA VIE

« Nos enfants sont partis, mon mari sera bientôt à la retraite... J'ai un peu peur de ce grand changement de vie familial et conjugal. »

Belle saison que l'automne ! Les feuilles des arbres s'habillent des mille nuances du rouge cuivré au jaune tango ; les températures fraîchissent en douceur. Mais peut-on dire que cette période du couple où les époux atteignent les 50-60 ans – l'automne de la vie – est, pour lui, une "belle saison" ?

On pourrait en douter quand on voit que c'est parfois le moment où des époux décident de se séparer : les enfants sont élevés... On a le sentiment de connaître par cœur son conjoint, et on aimerait pouvoir vérifier son propre pouvoir de séduction. On sent monter en soi soudainement un besoin de secouer la routine, de revivre une seconde jeunesse quand il en est encore temps. Surtout, on a conscience que la roue tourne et qu'on ne veut pas gâcher les années qu'il reste à vivre.

Réussir cette nouvelle saison de la vie

Ne pas gâcher ces années à venir, voilà justement un objectif que tout couple devrait avoir ! L'automne de la vie du couple peut être à coup sûr l'une des périodes les plus délicieuses de son histoire. Que de raisons de bien vivre à cet âge ! à condition, bien sûr, que l'on parvienne à éviter des problèmes graves, de santé notamment.

Avec les années en effet, on a acquis, en général, un certain équilibre, une certaine sérénité. Les problèmes financiers se posent avec moins d'acuité. Les enfants se sont envolés du nid, et même si dans le monde moderne leur vie professionnelle ou leur vie affective est souvent source de bien des soucis, on n'en a pas la responsabilité directe. Et on a la joie d'accueillir, à l'occasion, des petits-enfants adorables que l'on a davantage à câliner qu'à éduquer.

Dès lors, pourquoi ne pas tout mettre en œuvre pour réussir cette nouvelle saison de la vie ? Comment ? En réalisant tout d'abord que la vie est courte, que les années passent avec une vitesse qui accélère progressivement avec l'âge, et que par conséquent il ne faut pas gâcher une minute mais savourer chaque instant. C'est l'avant-dernier tour de piste du marathon conjugal, et il passera plus vite que les précédents.

Retrouver l'émerveillement

Autre secret : retrouver sa capacité d'émerveillement et d'action de grâce. Avez-vous remarqué combien la prière de remerciement nous est difficile ? Nous sommes tout le temps en train de demander, de supplier.

L'ennemi du couple, c'est la routine, c'est l'habitude. « L'alcôve tue lentement », disait un humoriste. On finit par ne plus remarquer vraiment l'autre, dont on ne perçoit plus la beauté. Ceux qui vivent au pays du Mont-Blanc finissent souvent par ne plus en admirer la splendeur. Il faut arracher de nos yeux ce voile qui se forme à la longue et finit par occulter tout ce que l'autre a d'admirable.

C'est vrai qu'avec l'âge le conjoint a pu perdre de sa beauté, prendre de l'embonpoint ou des rides... Mais sont toujours présentes ces qualités – de cœur, d'intelligence... – que l'on a aimées au début et que l'on n'apprécie plus forcément. On s'habitue. On s'habitue à ses gentillesses, à ses attentions si appréciées au début de la vie de couple et qui peu à peu sont devenues un dû, un dû qui va de soi et qui n'étonne plus.

Mais l'émerveillement, ce n'est pas seulement retrouver les yeux du cœur qui continuent à voir les qualités bien visibles du conjoint. C'est deviner qu'« il y a plus dans l'autre que ce qu'on a découvert » (Evely) ; c'est croire que le meilleur de lui n'est pas encore apparu. Personne ne peut dire qu'il a fait un jour le tour d'un être humain. Un être, image de Dieu, qui a donc en lui une dimension d'infini... il n'y a pas assez d'une vie pour le découvrir, il y faudra l'Éternité !

Rompre la monotonie

Pour faire de l'automne du couple la plus belle des périodes, il faut aussi, délibérément, mettre dans sa vie de la fantaisie. La fantaisie est le piment de la vie, le couple qui veut durer ne peut en faire l'économie. Surtout qu'en général c'est fort possible : on peut se permettre quelques dépenses sans compromettre l'avenir ni ruiner ses enfants.

Alors, au diable l'avarice ! Rompez la monotonie, dites non au ronron paresseux, trop avide de tranquillité, et place à l'imagination !

Surprenez votre conjoint par des initiatives imprévues : sorties au restaurant, week-end en amoureux, voyage de noce annuel… N'attendez pas d'être malades et de ne plus pouvoir vous offrir ces voyages que votre santé d'aujourd'hui vous permet encore.

Les hommes et les femmes aiment les fantaisies. Les femmes, les petites : un œillet, un petit cadeau symbolique, des paroles d'amour qui sortent de l'ordinaire (et du mutisme habituel ?) ; les hommes, les fantaisies plus extraordinaires… Alors, soyez à l'écoute des désirs de l'autre.

Mais soyez également à l'écoute de vos propres désirs jusque-là insatisfaits. La vie souvent trop remplie de l'homme en pleine activité ne permet pas la réalisation d'aspirations, de rêves caressés, de projets espérés. Davantage de temps libre permet de s'investir dans des choix épanouissants : « Enfin, je vais pouvoir faire ce que j'aime », qui de l'Histoire, qui des études de langues ou de théologie… Des couples vont pouvoir enfin vivre à deux un engagement social ou ecclésial, réaliser ensemble une démarche spirituelle toujours remise au lendemain, prendre le temps d'une retraite, un temps fort pour vivre au quotidien la relation au Seigneur.

Ces temps tout simples, fidèlement donnés l'un à l'autre, sauront apporter la sève qui nourrira les années à venir, avec leurs joies et leurs épreuves. L'hiver ne viendra que trop vite !

QUAND SONNE L'HEURE DE LA RETRAITE

« Nous nous réjouissions à la pensée de la retraite, qui allait nous permettre une vie de couple plus riche... mais, la retraite venue, nous connaissons un certain désenchantement. Est-ce habituel ? »

Parler du vécu du couple qui entame la période de la retraite, c'est décrire une situation infiniment variée. Tous les cas de figure sont possibles ! « Est-ce la guerre ou la lune de miel ? », demandait un ménage. Selon les circonstances de l'entrée en retraite (limite d'âge normalement atteinte ou licenciement), selon qu'il s'agit d'un couple très uni ou d'un couple aux relations distendues, selon les aspirations des conjoints, l'adaptation sera plus ou moins facilitée.

Certains attendent beaucoup de ce nouveau parcours : ils en espèrent un renouveau de leur amour, un nouveau départ pour une période où ils auront enfin le temps de vivre heureux, sans les contraintes des horaires. Bref, des grandes vacances perpétuelles !

D'autres, très nombreux, voient arriver avec appréhension cette nouvelle étape de leur vie. Les personnes qui ont eu des responsabilités peuvent craindre l'ennui, mais aussi la perte de leur identité sociale, de leur image de marque, dans une société où chacun est trop souvent identifié à son métier.

L'appréhension est également souvent très forte en ce qui concerne la vie de couple. Comment va-t-on gérer un face-à-face vingt-quatre heures sur vingt-quatre ? Dans ce tête-à-tête quotidien, les manies du conjoint deviennent vite insupportables, et le silence imbuvable quand on n'a plus rien à se dire. Madame entend souvent défendre son territoire domestique, elle peut craindre une perte d'indépendance, et trouver pesante une présence qu'elle avait pourtant tellement souhaitée dans le passé !

À cette peur de l'étouffement conjugal s'ajoute souvent, inconsciemment, la peur de la vieillesse, de la maladie et de la mort : il s'agit bien de la dernière ligne droite, qu'on le veuille ou non.

Dès lors, comment vivre au mieux une période qui peut être aussi merveilleuse que difficile ?

Une véritable réorganisation de la vie commune

Il importe d'abord d'envisager une véritable réorganisation de la vie commune. De repartir sur des bases nouvelles. Se préparer à la retraite demande qu'on ait bien réfléchi en particulier au lieu de résidence, si l'on doit changer de lieu. L'un peut désirer aller vivre à la campagne, en amoureux de la nature, tandis que l'autre préfère la ville ne fût-ce que pour ne pas se couper de ses enfants, de ses amis, de ses relations. Les rôles devront obligatoirement être redistribués, mais dans le respect

!! C'EST L'HEURE DE LA RETRAITE QUI SONNE !
MAIS NON ! ...ÇA VIENT JUSTE D'ÊTRE REPOUSSÉ !
RETRAITES: ENCORE DU TEMPS POUR SE PRÉPARER !
BRUNOR

des domaines réservés : « Je ne veux plus être toute seule à porter les soucis ménagers », dira volontiers une épouse, qui ne sera pas forcément heureuse pourtant de perdre son pouvoir sur l'organisation domestique.

Il est bon de commencer sa vie de retraité avec la volonté arrêtée de savourer ces années qui vont donner à chacun le temps d'être enfin lui-même, de faire exister des désirs jusque-là impossibles à réaliser : bricolage, musique, jardinage, voyages, concerts, jogging… Faire enfin ce qu'on aime ! Prendre du plaisir à vivre !

Il ne s'agit pas de tuer le temps, mais de vivre pleinement. En retrouvant aussi une activité valorisante. La vie associative permet au retraité d'être socialement reconnu, et d'être souvent très utile dans un bénévolat qui a besoin de la compétence et de l'expérience de ceux qui quittent le monde du travail. Que de talents inutilisés dans cette tranche d'âge des 60-80 ans !

C'est le temps où il est possible d'ouvrir toutes grandes les portes de la maison pour les enfants et petits-enfants, et de goûter, dans la décontraction, ces joies familiales que la vie active ne permettait pas toujours.

Savourer les douceurs de la vie de couple

Mais il s'agit aussi de savourer les douceurs de la vie de couple ! C'est le temps du retour des prévenances et de la tendresse (qui n'a rien de ridicule, quel que soit l'âge !), de la sexualité apaisée mais délicieusement entretenue. Le temps de la redécouverte du conjoint dont « le meilleur n'est pas encore apparu », au lieu de se focaliser sur certains défauts mineurs qu'on ne saurait changer.

Attention cependant : s'il peut exister un certain bonheur pour un couple à faire enfin ensemble une activité commune, la formule du « tout faire ensemble » n'a rien d'obligatoire. Des plages d'autonomie sont indispensables dans la vie du retraité. À côté du besoin de présence, existe aussi le besoin d'indépendance. À chaque couple de trouver la bonne distance, la respiration d'une vie commune qui alterne les temps ensemble et les temps de liberté.

Une vie plus priante

Cela dit, la retraite idéale n'existe pas. Gare à ne pas penser un peu rapidement « Vivement la retraite que je puisse faire tout ce que je veux ! » Le conjoint peut se révéler différent de ce qu'on espérait de lui. Sans compter l'âge, la fatigue, la maladie. C'est alors le moment de songer à ceux qui vivent dans la solitude, pour savoir apprécier ce qui est encore donné et apprendre à vivre cette dernière tranche de vie dans l'acceptation d'une certaine pauvreté, d'un certain détachement avant l'envol final.

Car le temps de la retraite est un temps pour s'ouvrir davantage à la dimension spirituelle. Une vie plus priante, plus contemplative, devient possible dans une vie moins active, moins stressée, moins minutée.

« Frères et sœurs des générations plus âgées, disait Jean-Paul II, vous êtes un trésor pour l'Église, une bénédiction pour le monde. [...] En vous l'on voit que le sens de la vie ne peut uniquement consister à gagner et à dépenser de l'argent, que dans chaque action extérieure doit mûrir quelque chose d'intérieur, et dans toute réalité temporelle, quelque chose d'éternel » (à Munich, le 19 novembre 1980).

ET NOS VIEUX PARENTS ?

« On peut certes envisager de construire une retraite intéressante et agréable quand on a 60-65 ans, mais il ne faut pas oublier que c'est aussi le moment où il faut également porter des parents vieillissants... »

Il est juste en effet de rappeler que les sexagénaires d'aujourd'hui ne vivent pas forcément une retraite sans problème. Ne fût-ce qu'en raison de la présence des vieux parents, dont il faut bien accompagner les dernières années.

Ce problème va être encore plus délicat à résoudre dans le monde de demain, puisqu'en 2050, la France pourrait alors compter jusqu'à cent cinquante mille centenaires.

Alors, que faire de nos parents si âgés et si affaiblis, ces aînés que l'on aime et que l'on voudrait tellement aider ? Faut-il les confier à une maison de retraite ? Et comment en trouver une qui soit décente ? A-t-on le droit de les laisser vieillir dans la solitude, surtout si l'un des membres du couple est décédé ? Mais une famille peut-elle porter à longueur d'année(s), psychologiquement, et financièrement, la sénescence d'un parent pourtant très cher ? À de telles interrogations, il n'y a pas de réponse miracle et univoque...

Il est évidemment souhaitable que les parents âgés puissent garder le plus longtemps possible leur autonomie. En général, ils rêvent de rester dans leurs meubles et leurs habitudes. Ils sont désireux de garder leur indépendance, et craignent toujours un peu d'avoir à tout quitter pour une maison de retraite inconnue. C'est bien compréhensible.

Les enfants ont alors un rôle de vigilance pour s'assurer qu'ils ont les aides suffisantes pour rester indépendants. Et l'éventuelle proximité facilitera les manifestations d'attention et de présence.

De même, la taille plus ou moins importante de la fratrie permettra d'alléger d'autant la charge de chacun des enfants.

L'amour du plus proche

Il est également tout à fait louable, quand les parents ne sont plus autonomes, que les enfants leur ouvrent leur maison : entourer ceux qu'on aime jusqu'à leurs derniers jours, profiter le plus longtemps possible de leur tendresse, de leur présence, et de leurs conseils, est un désir normal chez des enfants aimants. Mais cette "porte ouverte" filiale et généreuse est loin d'être toujours possible. Nous ne sommes plus au temps de la France rurale où des habitats souvent vastes permettaient plus facilement de garder les vieillards avec soi.

Il peut être opportun de se rappeler les priorités établies par la loi d'amour du prochain que nous a laissée le Christ. Je dois aimer mon prochain. Mais justement, qui est mon prochain, mon plus proche, sinon moi-même, puis en deuxième lieu mon conjoint, puis en troisième mes enfants, et en quatrième position seulement, mes parents ?

Ce qui signifie que dans la mesure où prendre chez nous mes parents serait un risque réel de déséquilibre pour mon couple, mes enfants ou moi-même, je ne serais pas tenu en conscience de les prendre en charge à domicile. Et je pourrais alors, sans avoir à culpabiliser, chercher une solution de placement pour mes parents.

Un devoir de visite

De plus, le placement dans des résidences médicalisées et agréables n'est pas à la portée de toutes les bourses, et il faut parfois se contenter de maisons moins "performantes". Ici, chacun est renvoyé à la nécessité de participer à des actions sociales, voire politiques, pour que se créent davantage de ces maisons de retraite, confortables et financièrement abordables, de ces lieux d'accueils plus humains et plus ouverts également sur la vie spirituelle, dont le monde de demain aura un grand besoin.

Il reste que, dans ce cas, le devoir le plus impérieux des enfants est de rendre visite à leurs vieux parents, qui attendent en général avec impatience ces retrouvailles jugées souvent trop courtes. Ces visites peuvent être parfois l'occasion de renouer des relations distendues, de dire une parole d'affection et d'amour trop longtemps retenue, voire de se réconcilier.

Il importe également que certains enfants ne se déchargent pas trop vite sur le dos de la grande sœur ou d'un frère "sympa", sous prétexte qu'ils sont adorables et n'habitent pas loin de chez les parents !

Apprivoiser la solitude

Enfin, n'oublions pas que tous, nous sommes les vieux de demain : il est bien de penser à l'avance à cette période difficile de notre vie, sans compter systématiquement sur nos enfants.

En conséquence, les parents d'aujourd'hui n'ont pas intérêt à être trop possessifs, auquel cas ils auront peut-être à souffrir terriblement de ce qu'ils considéreront comme de l'ingratitude de la part de leurs enfants.

Alors, peut-être est-il bon d'apprendre dès maintenant à apprivoiser la solitude. En apprenant à la peupler de la présence et de la tendresse de Dieu.

J'AI PEUR DE PERDRE MON ÉPOUX

« Mon mari et moi, nous nous aimons beaucoup. Mais ce qui gâche mon bonheur, c'est une appréhension presque maladive du veuvage. J'ai tellement peur de le perdre. Que deviendrais-je alors ? »

La peur du veuvage, est peut-être, comme le dit cette personne, « maladive », mais ce qui est certain, c'est qu'elle est bien réelle. Car il faut bien qu'un couple se mette en face de cette évidence : la mort, un jour, sépare les conjoints. « Il n'y a pas d'amour heureux », chantait Brassens. Ce qui me paraît exagéré : je connais tellement de couples épanouis. Je dirais plus volontiers : « Il n'y a pas d'amour totalement heureux », justement en raison de cette simple évidence que plane au-dessus de tout couple l'épée de Damoclès de la mort. Les couples qui sont les plus unis et les plus heureux sont aussi souvent ceux qui craignent le plus de voir leur bonheur s'effondrer. « Nous sommes tellement heureux, me disait une épouse, que je me dis que ça ne peut pas durer. »

CHÉRI !... J'AI RÊVÉ QUE J'ÉTAIS VEUVE...
!?
... ET TU NE M'AS JAMAIS EXPLIQUÉ LE FORMULAIRE DE DÉCLARATION D'IMPÔTS !
BRUNOR

Les femmes, en général, ressentent cette menace de la séparation plus fortement que les hommes. On sait combien le moindre retard du mari leur fait craindre le pire. Il faut dire que le veuvage touche 80 % des femmes, puisque l'espérance de vie est inférieure de 7 à 10 ans chez les hommes, et que bien souvent, l'homme est plus âgé que son épouse.

Certains couples ne sont pas troublés outre mesure par cette perspective inéluctable : à quoi bon se tracasser pour un avenir que nous ne connaissons pas ? Ne sera-t-il pas assez tôt de s'en faire quand le moment sera venu ? De toute façon, nous aurons des grâces d'état, vivons donc le présent, la mort ne frappe pas encore à notre porte ! Attitude que d'aucuns taxeront d'inconscience, tandis que d'autres y verront une sagesse de philosophe qui accueille les limites de la condition humaine : la mort, somme toute, fait partie de la vie.

Pourtant, un jour ou l'autre, tout couple butera fatalement sur cette angoisse existentielle. La mort brutale d'un ami qui laisse une femme et des enfants, la maladie soudaine de l'un des conjoints, sont souvent de cruels rappels de la réalité.

Se préparer à affronter cette période

Quelle est alors la vraie sagesse : se fermer les yeux, ou vivre dans la peur du lendemain ? Peut-être l'attitude la plus intelligente et la plus réaliste consiste-t-elle à se préparer à affronter cette période de veuvage que l'un des conjoints est appelée à vivre.

Mais comment ?

D'abord, et essentiellement, en vivant une vie de couple vraiment adulte. C'est-à-dire une vie de couple où chaque partenaire a su garder une certaine autonomie, une certaine indépendance, pour être capable d'exister toujours par soi d'abord. Trop de conjoints vivent tellement soudés l'un à l'autre que la disparition de l'un ne peut être pour l'autre qu'une insupportable mutilation, une véritable mort d'une partie de soi.

On ne dira jamais assez aux jeunes qui se précipitent trop vite dans une vie de couple combien il importe auparavant de mener une vie de célibataire épanoui. Pour être capable d'être marié, il faut d'abord être capable de vivre seul.

Et ce n'est pas faire de l'humour noir que de leur rappeler qu'un jour la mort les séparera et qu'ils doivent se préparer à ce veuvage, veuvage toujours plus proche qu'ils ne le croient dans une vie en fait très courte. Trop de conjoints ne sont que des « êtres-pour » ou des « êtres-par », n'existant que par l'autre et pour l'autre ou les enfants.

On rencontre des épouses qui sont littéralement perdues au décès de leur mari : « Je n'ai jamais voulu conduire une automobile, ni remplir les déclarations d'impôts, ni faire le moindre compte, je comptais tellement sur lui ». Plus le conjoint a été admiré, comblant, plus le vide est immense. Plus la relation a été fusionnelle, et plus insupportable est la rupture.

Qui est ma raison de vivre ?

Il importe deuxièmement que chacun se pose la question : est-ce que je ne fais pas de mon conjoint une idole ? c'est-à-dire le seul être en qui j'ai placé toute ma raison de vivre.

Or, bien des idoles ont les pieds fragiles. Si admirable que soit notre conjoint, il n'est pas Dieu. Il est inévitablement faillible, limité, vulnérable, vieillissant, mortel. S'il est légitime de s'appuyer sur la force de son mari, il faut aussi savoir qu'elle est limitée. Et qu'elle est le signe de la force du vrai Dieu vers lequel, tout au long de notre vie de couple, nous avons humblement à nous tourner.

Si dans notre vie Dieu est vraiment, comme le chante le Psalmiste, « notre roc, notre citadelle, notre bouclier, notre refuge » (Ps 18 et 62), « le berger qui nous accompagne dans le passage d'un ravin de ténèbres » (Ps 23), l'avenir perd alors de son tragique.

Dieu n'a pas promis aux chrétiens mariés qu'ils ne connaîtraient pas la souffrance, la perte d'un enfant ou un veuvage précoce – auquel cas, au vu des statistiques, tout le monde se ferait chrétien et se marierait à l'Église –, mais il a promis sa présence dans les moments difficiles.

N'ayez pas peur de l'avenir. La grâce précède chacun sur le chemin qui est le sien. C'est cette grâce qui lui révélera alors que Dieu a mis en lui des richesses insoupçonnées que seule l'épreuve permet parfois de développer.

Non, l'avenir, ce n'est pas seulement la mort, c'est aussi la résurrection !

Vivre sans lui

« Mon mari est décédé il y a un an. Je n'arrive pas à m'en remettre. Je ne supporte plus la solitude. Ma vie est inutile. »

Comme j'aimerais trouver les termes les plus respectueux pour essayer de rejoindre l'infinie souffrance exprimée ici. Et pardonnez-moi si je devais vous blesser ou vous donner l'impression que vous n'êtes pas comprise.

Qu'il est difficile de faire le deuil de celui qu'on a perdu. Ce n'est pas étonnant. Il faut souvent des mois pour réaliser pleinement que l'autre ne reviendra plus. Les semaines qui suivent une disparition sont dures à vivre, c'est une période où on est assez entouré, mais où on se refuse à admettre la réalité : « Non, il ne m'a pas quittée... »

Mais un jour vient où il faut bien se mettre face à cette cruelle réalité : « Il ne sera plus sur Terre et je dois assumer une solitude terrible, à un moment où mes parents et mes amis ne se sentent plus obligés de me soutenir ». Rien d'étonnant alors qu'il y ait, lors de cette prise de conscience de l'irréversibilité du drame, une souffrance proche du désespoir. « Je n'arriverai pas à m'en remettre. »

Le pouvoir des larmes

Il faut oser crier sa peine. À ceux qui sont capables de l'entendre, mais aussi à Dieu. Faire comme le psalmiste qui n'hésite pas à crier sa révolte au Tout-Puissant (Ps 6, 13, 22...).

Il importe d'analyser et d'exprimer ses émotions et ses sentiments négatifs étouffants. De dire haut et fort son angoisse devant l'avenir, cette impression d'être amputé d'une moitié de soi-même, ce sentiment d'abandon, la culpabilité inévitable face à ce qu'on n'a pas fait et que – pense-t-on après coup – on aurait dû faire, ce vide terrible de l'absence ressentie, surtout le soir.

Il faut aussi se donner le droit de pleurer non seulement dans la solitude, mais auprès de ceux qui savent que de telles larmes sont des diamants. « On ne voit bien qu'avec des yeux qui ont pleuré. »

Il est possible alors d'entamer cet indispensable processus de deuil, car « faire un deuil, ce n'est pas oublier, c'est changer sa forme d'attachement au défunt »(3).

Il reste que la solitude est là, le manque d'une présence physique est immense. L'affection des proches ne vient pas combler ce vide. Mais il est possible que des personnes étrangères, ayant connu une souffrance similaire, puissent apporter un réconfort. D'où l'intérêt pour une veuve de ne pas hésiter à frapper à la porte d'un mouvement comme

(3) P. Jean Montbourquette, Aimer, perdre et grandir, *Éd. Novalis Centurion, 1989.*

Espérance et Vie(4). Son objectif est d'aider une personne dans cette période déconcertante des premiers mois de veuvage. Ils bénéficient d'une longue expérience et d'un entourage compétent.

Beaucoup ne veulent pas faire le pas, craignant de s'enfermer dans un ghetto de souffrances, au moment où elles acceptent difficilement le fait d'être veuve. Elles se verrouillent alors dans cette solitude qu'elles voudraient fuir.

Appuyée sur la grâce de Dieu, un temps fécond

À cela s'ajoute un sentiment d'inutilité. Pourtant, là encore, ce temps de veuvage peut être d'une rare fécondité. D'abord dans la mesure où l'épouse est invitée à retrouver ce qu'elle a pu aimer chez l'autre. « Les qualités et talents que l'époux possédait peuvent maintenant devenir son lot personnel. »(5) Il y a un héritage spirituel qu'elle est appelée à transmettre à ses enfants, petits-enfants, et à son entourage.

Certaines poursuivent l'activité sociale ou caritative de leur mari. Il y a aussi une fécondité possible par la prière, d'abord en portant son mari dans sa marche vers la Lumière, ensuite en joignant sa propre passion au sacrifice du Christ à la messe. Certaines font un tel chemin spirituel qu'elles vont jusqu'à se consacrer à Dieu, comme religieuse, ou dans un mouvement.

Un grand amour que la mort vient briser n'a de sens qu'avec la grâce de Dieu. Et dans ce cas, la paix peut revenir, la joie aussi (et sans culpabilité) : n'est-ce pas d'ailleurs le désir de celui qui est dans la joie de l'Au-delà ?

---

(4) Espérance et Vie, 20, rue des Tanneries 75013 Paris (tél. : 01 45 35 78 27).

(5) Père Jean Montbourquette, op. cit.

TABLE DES MATIÈRES

Des mêmes auteurs

Père Denis Sonet

- *Le pardon,* Le Livre Ouvert, 2004.
- *L'Évangile au présent,* 3 vol. par année liturgique, Droguet & Ardant, 2004.
- *Bonnes nouvelles pour l'amour,* Droguet & Ardant, 2003.
- *L'art d'être parents et grands-parents,* Le Livre Ouvert, 2003.
- *La communication,* Le Livre Ouvert, 2002.
- *Le mariage, pourquoi ?,* Le Livre Ouvert, 2001.
- *Amour humain, amour chrétien,* Éd. de l'Emmanuel, 2001.
- *Découvrons l'amour,* Droguet & Ardant, 1999.
- *Réussir notre couple,* Droguet & Ardant, 1998.

Brunor

- *www.Jésus, l'enquête historique,* Cerf, 2004.
- *Histoires de famille, la tribune de la tribu,* Presses de la Renaissance, 2001.
- *Handicap, le guide de l'autonomie,* Éd. de La Martinière, 2001.
- *L'Évangile à l'encre sympathique,* Cerf, 2001.
- *www.Dieu,* Cerf, 1997.

Photogravure : Penez Édition Lille
Achevé d'imprimer en Italie chez Bona en mars 2007.
N° d'édition : 07046
Dépôt légal : mars 2005